Antonie Schneider · Silke Leffler

Das große Buch der Jahreszeiten

Allen Kindern dieser Welt

MIX
Papier aus verantwortungsvollen Quellen
FSC® C043106

1. Auflage 2023

Der Abdruck von ›Herr Glück und Frau Unglück‹
erfolgt mit freundlicher Genehmigung des Thienemann Verlags:
Text von Antonie Schneider aus ihrem Bilderbuch
mit Illustrationen von Susanne Straßer,
›Herr Glück und Frau Unglück‹ © by Thienemann Verlag
in der Thienemann Esslinger Verlag GmbH, Stuttgart. www.thienemann esslinger.de
Umschlag und Innengestaltung: Silke Leffler
Litho: Regg Media GmbH, München
Satz: Satz für Satz. Anja Grad, Wangen im Allgäu
Druck und Bindung: Grafisches Centrum Cuno, Calbe
Printed in Germany • ISBN 978-3-423-64106-7

Antonie Schneider · Silke Leffler

Das große Buch der Jahreszeiten

Mit Geschichten und Gedichten,
Rezepten, Kreativideen
und vielem mehr

Unter Mitarbeit von
Viktoria, Ferdinand und Leonhardt

dtv

August
8

Das Jahr bittet zu Tisch

Es war eine Mutter,
die hatte vier Kinder,
den **Frühling**,
den **Sommer**,
den **Herbst** &
den **Winter**.
Und wie sie sich schwingen
im lustigen Reig'n,
so tanzen und singen wir
fröhlich darein.

Frühling
Sommer
Herbst
Winter

Tanz

Alle Kinder fassen sich an den Händen und gehen singend im Kreis. Vier Kinder stehen in der Mitte, sie spielen die Jahreszeiten und gehen in die entgegengesetzte Richtung. Bei der 2. Strophe suchen sich die vier Jahreszeiten vier neue Kinder, diese wechseln in die Mitte, und das Lied beginnt von Neuem.

DIE JAHRESZEITEN

Was verbirgt sich nicht alles hinter den vier Jahreszeiten, mit denen wir das Jahr unterteilen in Frühling, Sommer, Herbst und Winter?

Ist es nur das Wiedererwachen der Natur?

Sind es die stillen, lauten, stürmischen, regnerischen, kalten, warmen und heißen Tage?

Oder sind es auch all die Feste, Bräuche, Rituale, die wir im Laufe des Jahres feiern?

Viele davon wurzeln in unserem christlichen Glauben, manche stammen aber auch aus vorchristlicher Zeit.

Neue Bräuche, Feste und Rituale aus anderen Kulturkreisen kommen im Wandel der Zeit hinzu. Sie prägen und verändern unser Miteinander.

21. März:	Frühlingsanfang
21. Juni:	Sommeranfang
23. September:	Herbstanfang
21. Dezember:	Winteranfang

WUSSTEST DU

… dass diese Einteilung jedoch nicht einheitlich ist, dass es den meteorologischen und kalendarischen Beginn gibt.

… dass die Jahreszeiten auf unserem Planeten auf den beiden Erdhalbkugeln entgegengesetzt sind.

… dass durch die schiefe Neigung der Erdachse je eine Erdhälfte bei der Umkreisung der Sonne weniger oder stärker beschienen wird.

Die vier Jahreszeiten
ist das bekannteste Werk von Antonio Vivaldi
und entstand 1725.
Wenn du die Augen schließt, kannst du beim Hören
den Frühling, den Sommer, den Herbst und den Winter
nur durch die Musik spüren, sehen und erleben.
Sogar den Bach hörst du rauschen, die sanften Winde
säuseln, die heftigen Stürme brausen und die Gewitter toben,
die Vögel zwitschern und Sommerwiesen summen …

FRÜHLING

ER IST'S

Frühling
lässt sein blaues Band
Wieder flattern durch die Lüfte;
Süße, wohlbekannte Düfte
Streifen ahnungsvoll das Land.
Veilchen träumen schon,
Wollen beide kommen.
Horch, von fern ein leiser Harfenton!
Frühling, ja du bist's!
Dich hab' ich vernommen!

Eduard Mörike
(1804–1875)

HERR GLÜCK UND FRAU UNGLÜCK

Eines Tages zog Herr Glück ein. Zaun an Zaun, Tür an Tür, Seite an Seite mit Frau Unglück. Frau Unglücks Ruhe war gestört. »Mit Herrn Glück hab ich nichts zu schaffen!«, sagte sie.

Herr Glück richtete sich das Haus ein. Dann pflanzte er Blumen, für den Frühling, den Sommer, den Herbst und den Winter und einen Apfelbaum. Am Morgen begrüßte Herr Glück die Sonne, am Abend den Mond und die Sterne, wenn es regnete, den Regen, wenn es schneite, den Schnee, und wenn es stürmte, auch den Wind.

Eines Mittags klopfte Herr Glück an Frau Unglücks Tür. Sie öffnete einen Spalt.

»Was wünschen Sie?«, fragte sie unwirsch.

»Glück, gestatten Sie, mein Name ist Glück. Ich wohne seit Kurzem …«

»Was geht mich das an?«, unterbrach sie ihn, drehte sich um und verschloss die Tür.

Herr Glück kehrte wieder in seinen Garten zurück. Fröhlich säte und pflanzte er, grub die Erde um, schnitt die Sträucher und Bäume und das Gras. Mit den Vögeln pfiff er um die Wette. Oft stand Frau Unglück heimlich am Fenster und beobachtete ihn.

GLÜCK

»Warum macht er das?«, fragte sie. Schon seit Längerem hatte Frau Unglück das Gefühl, dass etwas in ihrem Haus nicht mehr in Ordnung war. »Herr Glück muss weg«, sagte Frau Unglück. Und sie grübelte lange darüber nach, wie sie dies am besten anstellen könnte.

Hinter dem Gartenzaun aber schien die Sonne. Vor dem Haus stand Herr Glück. »Wie schön das Leben doch ist!«, seufzte er. Er freute sich über die schwarze Katze von nebenan, den Maulwurf, die Raupe …

Wenn er Frau Unglück sah, winkte er ihr freundlich zu. Unermüdlich streute er Samen aus. Der Wind blies sie über den Gartenzaun.

»Ach, wie unnütz das alles ist!«, brummte Frau Unglück.

Tag für Tag wuchsen die wunderlichsten Pflanzen bis zu ihrem Haus. Sie wurden kräftiger und größer. Als Herr Glück einmal nicht zu Hause war, schlich sie heimlich in den Garten. Aber was war das? Überrascht sah Frau Unglück, was geschehen war.

Zwei riesige Sonnenblumen neigten sich über ihr und Herrn Glücks Haus.

Leise trat Herr Glück neben sie. Behutsam nahm er ihre Hand. Seite an Seite standen sie da, Herr Glück und Frau Unglück. Frau Unglück lächelte.

»Wir wohnen unter einem Dach!«, sagte sie. »Welch ein Glück!«

KLEINER KRESSEGARTEN

ERSTE AUSSAAT

Du brauchst:

- Klopapierrollen oder Küchentuchrollen
- Folie oder Deckel
- Wattepad (oder Papiertaschentuch)
- Kressesamen
- Farbe und Pinsel zum Anmalen

So geht's:

Die Papierrollen wie Häuser anmalen und das Hausdach mit einer Folie oder einem entsprechend großen Deckel verschließen. Das Wattepad im Wasser nass machen und auf das Hausdach legen. Die Kressesamen darauf verteilen und immer gut feucht halten. Bald fangen die Samen zu keimen an, und die Sprossen beginnen zu wachsen.
Wenn die Kresse ausgewachsen ist, kannst du sie ganz lecker in den Salat oder auf ein Butterbrot geben. Köstlich!

Im Frühling kann man viele verschiedene Pflanzen aussäen, damit man sich im Sommer daran freuen kann. Zum Beispiel Rüben, Erbsen, Paprika, Zucchini, Tomaten, Kürbis, Sonnenblumen, Kräuter und vieles mehr.

Ein hängender Kräutergarten wie auf dem Bild geht folgendermaßen:

Du brauchst:

- Einwegplastikflaschen oder andere Verpackungen als Pflanzgefäße
- Messer oder Schere
- Pflanzerde
- einen Stock
- Schnur oder Draht
- Samen deiner Wahl

So geht's:

Die Plastikflaschen ca. in der Mitte durchschneiden. An den Seiten rechts und links mit 1–2 cm Abstand zum Rand mit der Schere oder dem Messer ein Loch für die Schnüre bohren und in den Flaschendeckel ebenfalls ein kleines Loch bohren, damit das Restwasser abfließen kann.
Anschließend werden die neuen Pflanzgefäße mit Erde befüllt und an dem Stock aufgehängt. Die Samen in die Erde geben, mit Wasser angießen und an einen Platz mit ausreichend Licht hängen. Täglich gießen, geduldig sein und schon bald kannst du sehen, wie die Samen aufgehen und zu kleinen Pflänzchen werden.

Kleiner Tipp:

Als Pflanzerde bietet sich wunderbar die Erde vom Maulwurfhaufen an, weil sie so schön locker ist.
Zum Wachsen braucht die Pflanze genügend Licht und Wasser.
Mithilfe von Licht wandeln die grünen Blätter der Pflanze Kohlenstoffdioxid und Wasser in Glucose und Sauerstoff um. Das nennt man Fotosynthese.

HÄNGENDER KRÄUTERGARTEN

SUCH MICH DOCH !

*

WUSSTEST DU

… dass zu den Insekten Käfer, Fliegen, Schmetterlinge, Heuschrecken, Ameisen, Libellen und Fliegen gehören.

… dass Insekten zu den sogenannten wirbellosen Tieren zählen, wie auch die Schnecken, Würmer und Muscheln.

… dass viele von ihnen gefährdet sind. Am meisten die Käfer, wie z. B. der Rossmistkäfer, der Hirschkäfer und der Blatthornkäfer.

Findest du sie auf der gegenüberliegenden Seite?

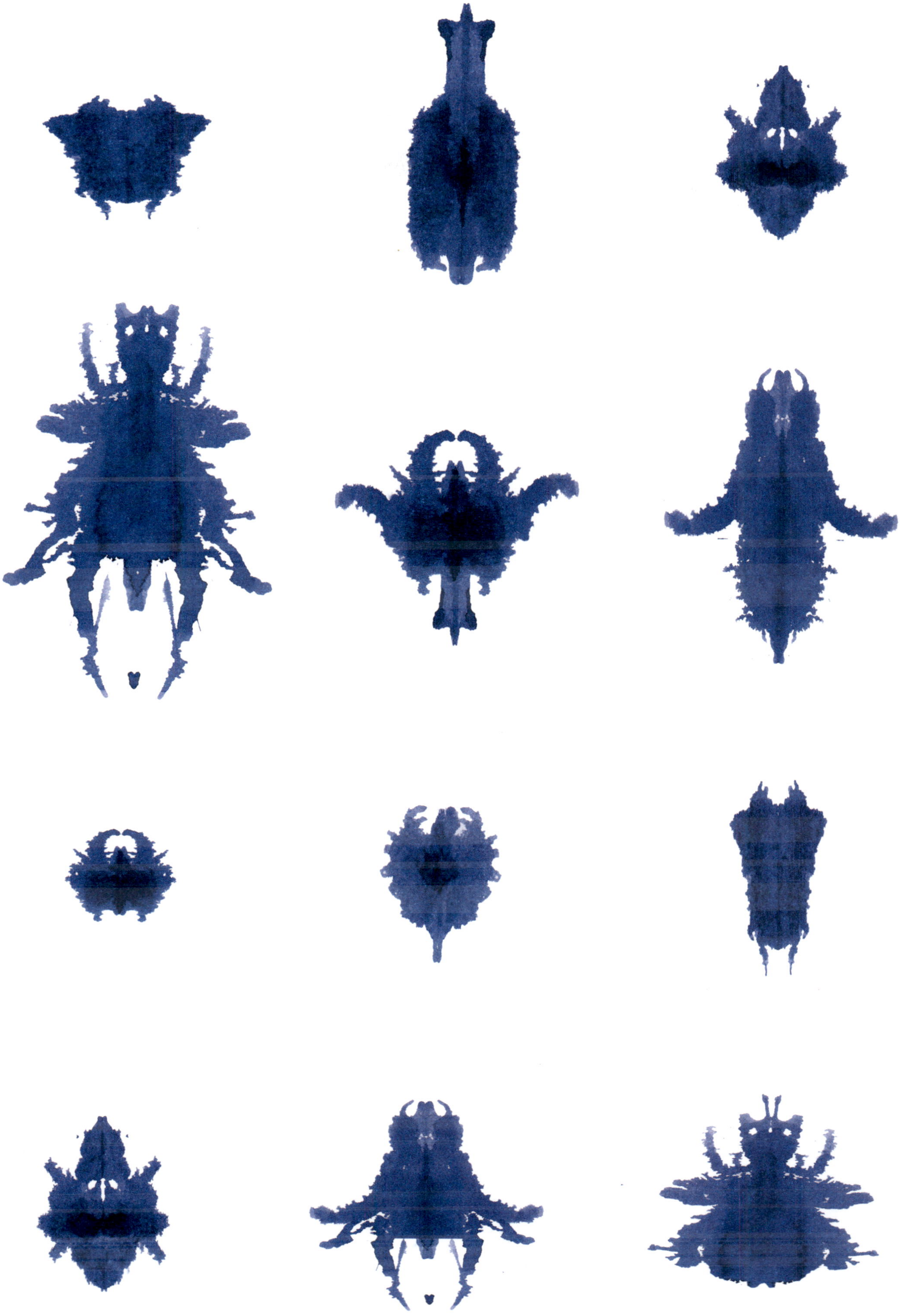

FANTASIEINSEKTEN AUS TINTENKLECKSEN

Du brauchst:

– Papier
– Tinte

So geht's:

Das Papier in der Mitte falten. In den Falz einen Tintenklecks geben, das Papier wieder zusammenfalten und den Tintenklecks mit den Fingern nach rechts ausstreichen.
Danach das Papier wieder auseinanderfalten und sich überraschen lassen, welches Fantasieinsekt entstanden ist. Je größer der Klecks, umso größer das Insekt.
Wenn du magst, kannst du mit deinen Tintenklecksinsekten eine Karte oder ein Bild weitergestalten.

SCHREIBE DEIN EIGENES ELFCHEN

Das Elfchen hat nichts mit kleinen Elfen zu tun, aber es ermöglicht kleine, feine Gedichte, die aus nur elf Wörtern bestehen.

Sie sind auf fünf Zeilen verteilt, nämlich so:

1. Zeile: ein Wort
2. Zeile: zwei Wörter
3. Zeile: drei Wörter
4. Zeile: vier Wörter
5. Zeile: ein Wort

SCHREIBE DEIN ELFCHEN IN SCHÖNER SCHRIFT AUF EIN PAPIER UND MACHE EINE POSTKARTE DARAUS.

Einmal
träumte eine
kleine dicke Raupe
von ihrem großen Auftritt
Schmetterling!

Viktoria

Schmetterling du kleines Ding,
such dir eine Tänzerin …

DER KLEINE RITTER

»Kleine Ritter gibt es nicht!«, sagte der dicke, alte Frosch. Aber er hatte sich getäuscht.

Kleine Ritter gibt es doch! Brumm der Bär saß unter dem Holunder und wartete. Wo war der kleine Ritter?

Der Mond stand über dem Dach. Brumm lief zur Haustür. Die war verschlossen. Er kletterte hinauf zum offenen Fenster und schaute hinein. Der kleine Ritter lag in seinem Bett, das Schwert auf dem Boden, den Helm auf dem Stuhl, und er schlief tief und fest.

Das ärgerte Brumm. Er sprang ins Zimmer, kitzelte den kleinen Jungen an der Nase und rief: »Komm, wir spielen Ritter!«

Aber der kleine Ritter bemerkte ihn nicht. Brumm war der Freund des kleinen Ritters. Das war so gekommen.

Am Vormittag besuchte der kleine Junge seinen Großvater. Vom Fenster aus kann man auf dem Berg eine Ritterburg sehen.

»Ich möchte auch eine Ritterburg«, sagte der kleine Junge zum Großvater.

Da ging Großvater auf den Dachboden und suchte in den alten Kisten herum.

»Du kannst meine Ritterburg mitnehmen und den Helm und das Schwert«, hatte Großvater gesagt und gelacht. »Nur einen Ritter hab ich nicht!«

»Ritter bin ich doch selbst!«, erwiderte der kleine Junge.

Er hatte die Burg auf dem Tisch hinter seinem Bett aufgebaut, Steine herangeschleppt und ein Segelschiff in den Burggraben gesetzt. Am Nachmittag Schienen verlegt bis nach Afrika, einen Landeplatz für einen Hubschrauber gebaut, auf der Ritterburg eine Fahne gehisst, den Löwen in den Urwald gebracht und den Helm geputzt.

Jetzt aber lag der kleine Ritter in seinem Bett und schlief. Nur Brumm war noch wach. Vorsichtig kletterte er vom Bett auf den Boden, lief zum Stuhl, stülpte sich den Helm über den Kopf und nahm das Schwert. Brumm wollte auch ein Ritter sein. Brumm stapfte über die Schienen quer durch Afrika. Der Boden knarrte. Der Helm drückte. Da versperrte ihm ein Bagger den Weg.

»Diese Straße ist gesperrt!«, rief der Bagger.

Brumm zog sein Schwert, dass es krachte und blitzte, und ging stolz davon. Bald darauf kam Brumm zum Hubschrauber.

»Bring mich zur Ritterburg!«, sagte er.

»Dir helf ich nicht, du bist doch kein Ritter!«, sagte der Hubschrauber und flog davon.

Brumm wollte zur Ritterburg auf den Tisch. Eifrig kletterte er das Tischbein hoch und landete im Urwald. Die Giraffe erwachte. Das Hängebauchschwein schaute ihn verwundert an.

»Was machst du denn hier mitten in der Nacht?«, fragte der Löwe misstrauisch.

»Ich bin ein Ritter und will zur Ritterburg«, antwortete Brumm.

Warte, dachte der Löwe, dir werd ich helfen. Und leise schlich er hinter dem Bären drein. Brumm taten die Beine weh, er schleppte sich durch den finsteren Wald. Endlich erreichte er die Ritterburg. Aber der Burggraben war zu tief! Da sah Brumm ein Segelboot liegen.

»Setz mich über!«, rief er ihm zu.

»Wo kommst du denn her?«, fragte das Boot.

»Vom kleinen Ritter!«, antwortete Brumm.

Da ging das Segelboot vor Anker und nahm ihn mit.

Plötzlich stand ein großer Ritter vor dem kleinen Bären.

»Was willst du hier?«, fragte er erstaunt.

»Dich besuchen«, rief Brumm stolz. »Ich bin ein Freund vom kleinen Ritter!«

Da freute sich der große Ritter. »Bring dem kleinen Ritter einen Brief von mir und besuch mich wieder!«, sagte der große Ritter.

Brumm bedankte sich sehr.

Wie er auf die Zugbrücke trat, stürmte der Löwe auf ihn zu und brüllte: »Fasst den Dieb! Er hat dem kleinen Ritter den Helm und das Schwert gestohlen!«

Was ist das für ein fürchterliches Durcheinander, dachte der kleine Bär. Die Zugbrücke klappte hoch. Brumm kletterte erschrocken auf einen Baum. Er ließ sich auf der anderen Seite zum Burggraben hinunter und erreichte glücklich das Boot.

Da war endlich der finstere Wald! Brumm rutschte das Tischbein hinunter.

»Halt!«, rief das Kamel. »Wo willst du hin?«

»Zum kleinen Ritter mit einem Brief«, sagte Brumm. »Trag mich durch Afrika!«

An der Grenze von Afrika erreichten sie den Hubschrauberlandeplatz.

»Weiter darf ich nicht«, sagte das Kamel. »Grüß den kleinen Ritter!«

Verzweifelt winkte der Bär dem Hubschrauber zu: »Nimm mich mit! Der Löwe verfolgt mich. Ich habe Post für den kleinen Ritter!«

Da flog der Hubschrauber mit dem zitternden kleinen Bären bis zum Bett des kleinen Jungen. Sanft landete er auf seinem Kissen.

»Du hast mich gerettet«, sagte Brumm froh.

»Keine Ursache«, sagte der Hubschrauber und kehrte stolz wieder um.

Da erwachte der kleine Junge. Wie staunte er. Brumm lag in seinem Bett. Das Ohr zerfetzt, das Fell schmutzig. »Was hast du denn gemacht?«, rief der kleine Ritter.

Brumm seufzte: »Ich wollte ein Ritter sein wie du.« Und dann erzählte der Bär dem kleinen Ritter sein ganzes Abenteuer. »Bist du nun sehr böse auf mich, wegen dem Schwert und dem Helm?«, fragte ihn der kleine Bär.

»Ein wenig schon«, sagte der kleine Ritter, und dann nahm er Brumm ganz fest in seine Arme. »Wir gehen jetzt in den Garten und machen ein Schwert für dich«, sagte der kleine Ritter. »Und dann zeige ich dir, wie man kämpft.«

»Warte«, sagte Brumm. Er zog einen zerknitterten Brief hervor und gab ihn dem Jungen. Und das stand darin:

Lieber kleiner Ritter,
hier in Amsterdam in unserem Garten voller gelber Blumen ist
seit zwei Wochen ein schwarzes Pferd.
Es frisst alles! Da bleibt kein Garten mehr übrig.
Und es ruft immer: »Wo ist mein tapferer Ritter? Wann kommt er
mich besuchen?«
Das möchte auch ich gerne wissen.
Viele liebe Grüße
Dein Ritter aus Amsterdam

»Nichts wie los!«, sagte der kleine Ritter. »Du bekommst noch einen Helm. Aber dann besuchen wir das schwarze Pferd in Amsterdam!«

»Ich bin müde. Und das Ohr tut mir weh«, klagte Brumm.

»Es ist gar nicht weit!«, sagte der kleine Ritter. »Nur übers Meer.«

»Übers Meer?«, quakte der dicke Frosch, der hinzugekommen war. »Wann beginnt denn eure Reise?«

»Morgen«, sagte der kleine Ritter.

»Morgen ist alles wieder gut«, sagte Brumm, und zum dicken Frosch sagte er leise: »Kleine Ritter gibt es doch!«

Der nickte ihm zu. Wie gerne wäre der dicke, alte Frosch auch mitgezogen zum schwarzen Pferd nach Amsterdam.

WUSSTEST DU

… dass sich die Bienen und Hummeln nach ihrem Winterschlaf auf den Weg machen, um einen passenden Nistplatz zu suchen.

… dass Waldbienen immer alleine unterwegs sind, die Honigbienen aber in einer großen Gemeinschaft leben.

… dass bei den Hummeln nur die Königinnen den Winter überleben.

… dass die Hummeln Haufen aus Laub und Gras brauchen, um gut über den Winter zu kommen und gern in Holzstapeln schlafen.

… dass die Hummeln eigentlich zu dick zum Fliegen sind. Dafür sind aber ihre Flügel aus einem dehnbaren Material und werden beim Fliegen größer. Sie bewegen ihre Flügel kreisförmig, so tragen die Luftwirbel sie in die Höhe.

Bienen
schwärmen aus
summen und brummen
von Blüte zu Blüte.
Frühling!

Viktoria

LÖWENZAHN

Sternentagtraum im Mai
hör nur der Meisen Geschrei,
schneeweiß die Berge.
In der Wiese
leuchtet der Löwenzahn.

Pusteblume sag mir:
Bin ich ein Engel
oder sogar
ein Bengel mit einem schwarzen Fleck?
Dann puste ihn weg.
Himmelwärts.

KINDERSPIEL »ENGEL ODER BENGEL«:

Blase in die Pusteblume und finde es selbst heraus!
Siehst du nach dem Pusten auf dem Blütenstempel einen schwarzen Fleck,
bist du ein »Bengel«. Ist kein Fleck zu sehen, bist du ein »Engel«.

Wenn die Blumen fliegen wollen, rufen sie den Wind:
»Komm und trag uns fort geschwind in die weite Welt!«

GÄNSEBLÜMCHEN

Es war einmal ein kleiner Junge, der wohnte in einem hohen Haus mit vielen Wohnungen. Der Junge war anders als all die anderen kleinen Jungen. Wenn er im Hinterhof des großen Hauses stand, schloss er für einen Moment die Augen. Sogleich befand er sich auf einer Insel, wo die herrlichsten Pflanzen wuchsen und die sonderbarsten Tiere hausten.

Und natürlich war der Junge der König der Insel. Er hatte eine goldene Krone auf dem Kopf und trug einen weißen Mantel, der mit rotem Samt eingesäumt war. Damit hatte es seine Bewandtnis.

Einmal ankerten fremde Schiffe mit Kanonen vor der Insel.

»Wir sind die Herren hier!«, sagten sie, und zum Beweis dafür schossen sie Feuerkugeln ins Wasser, nur so zum Spaß. Für den König der Insel war dies kein Spaß, und er überlegte, wie er sich wehren könnte. Als er die Augen wieder öffnete, sah er an der Hauswand eine kleine Blume mit vielen weißen Blütenblättern und einem roten Rand ringsherum, gerade wie sein Königsmantel sah sie aus. Da erinnerte er sich an eine alte Geschichte, die ihm seine Großmutter erzählt hatte. Er pflückte die Blume und hielt sie wie ein Zepter in seiner Hand.

»Sie beschützt mich und meine Insel«, sagte der König. Und zu seiner größten Verwunderung wuchsen plötzlich aus den Kanonenrohren der fremden Schiffe unzählige kleine Gänseblümchen.

Mit dem Schießen ist es nun aber für immer vorbei, dachte der kleine Junge. Die Matrosen auf den Schiffen waren so verblüfft, dass sie kehrtmachten und mit der kleinen Wunderblume in ihre Heimat zurücksegelten.

Sie hatten einen Schatz gefunden, der heilen und trösten konnte.

Ob die Geschichte wahr ist, könnt ihr den König in dem hohen Haus selber fragen. Wenn er nicht auf seiner Insel ist, gießt und pflegt er das GÄNSEBLÜMCHEN an der Hauswand Tag für Tag voller Freude. So heißt die kleine Blume nämlich.

Hommage an Maurice Druons ›Tistou mit den grünen Daumen‹

Wie duftet und klingt der Frühling
Vogelgezwitscher
HYAZINTHE

Maiglöckchen

Schmetterling

ERDE

Veilchen

Schlüsselblume

Hanami heißt Kirschblütenfest.
Es wird seit Hunderten von Jahren in Japan gefeiert
und bedeutet: Blumen oder Blüten schauen.

AMSEL UND PAPAGEI

Tag für Tag saß die graue Amsel auf ihrem Lieblingsplatz. Nie hüpfte sie übermütig über den Gartenzaun. Sie saß steif und still in ihrem Nest.

»Eine Amsel muss singen«, sagten die anderen. »Warum singst du nicht? Sieh uns an!«

Aber es kam nur ein Krächzen aus ihrem Hals.

»Warum sieht mich keiner an?«, seufzte die Amsel. »Nicht einmal der Fuchs oder die Fledermaus bei Nacht.« Sie war traurig und wurde immer noch grauer und grauer.

»Störe ich?«, fragte da jemand.

Erschrocken drehte sich die graue Amsel um. Hinter ihr saß ein bunter Vogel.

»Starr mich nicht so an«, sagte der Papagei. »Ich bin kurz mal abgehauen!«

Noch nie hatte die Amsel einen solchen Vogel gesehen. Mit großen Augen betrachtete sie ihn lange. Wenn ich nur einmal in meinem Leben solche Federn hätte, dachte die Amsel sehnsuchtsvoll. Dann schauten alle nach mir!

»Ich bin so allein«, sagte der Papagei. »Die anderen Vögel vertreiben mich. *Hau ab*, schreien sie. *Du gehörst nicht zu uns!*«

»Du bist aber so wunderbar bunt!«, stammelte die Amsel. »Wie gern wäre ich so wie du!«

»Wie ich?«, krächzte der Papagei überrascht. »Das ist nicht schwer!« Und schon zog er eine prächtige Feder aus seinem Gefieder. »Sie ist blau wie der Himmel«, sagte der Papagei.

»Wie der Himmel?«, erwiderte die Amsel und steckte die blaue Feder in ihr Gefieder.

Von Neuem zog er eine prächtige Feder aus seinem Gefieder. »Sie ist rot wie das Mohnblumenfeld! Ich zeig es dir! Komm mit mir!«

Und schon flog der Papagei davon. Die Amsel folgte ihm.

»Was für ein komisches Paar! Die Amsel schmückt sich mit fremden Federn!«, flüsterten die anderen Vögel auf dem Apfelbaum und schauten ihnen neugierig nach.

Der Papagei und die Amsel hüpften übermütig im Gras umher. Plötzlich schrie die Amsel auf. Im nahe gelegenen Gebüsch hatte sie eine Katze entdeckt. Als diese aber den bunten Vogel sah, rannte sie mit hoch erhobenem Schwanz auf und davon.

»Das ist noch einmal gut gegangen!«, sagte die Amsel und ließ sich erleichtert auf einem Mauervorsprung nieder. Wie aber staunte sie, als sie nach unten sah.

»Hier beginnt das Mohnblumenfeld«, sagte der Papagei.

»Es ist rot wie deine Feder!«, flüsterte die Amsel.

Wieder zog der Papagei eine Feder aus seinem Gefieder. »Sie ist so golden wie die Sonne!«, sagte der Papagei.

»Golden wie die Sonne?«, erwiderte die Amsel und steckte die Feder ganz vorsichtig in ihr Gefieder.

Im selben Augenblick fiel ein leuchtender Sonnenstrahl auf ihr buntes Federkleid. Vor Glück riss sie ihren Schnabel auf. Ein heller Ton klang aus ihrer Kehle. Das Krächzen war verschwunden. Es kamen leise, laute, hohe und tiefe Töne aus ihrer Kehle. Etwas völlig Unerwartetes war mit ihr geschehen.

»Du singst«, sagte der Papagei, »wahrhaftig, du singst!«

Und die Amsel sang das Himmelslied und das Lied vom roten Mohnblumenfeld und das Lied von der Sonne. Angezogen von ihrem Gesang, kamen die Schmetterlinge, die Käfer, die Ameisen und Spinnen herbei. Heimlich schlich sich die Katze heran. Die anderen Vögel umringten die Amsel staunend. »Sie ist eine große Sängerin!«

Der Papagei flüsterte ihr etwas zu, sie winkte zustimmend mit dem Flügel, und dann flog er fort.

Es klang, als sänge die Amsel: »Besuch mich bald!«

Tag für Tag sitzt die graue Amsel auf ihrem Lieblingsplatz. Sie hüpft übermütig über den Gartenzaun und hält Ausschau nach dem Papagei.

»Sing mit uns!«, rufen ihr die anderen Vögel zu. Und dann singen sie zusammen das Himmelslied, das Lied vom Mohnblumenfeld und das Sonnenlied.

WUSSTEST DU

… dass sich bei den Amseln Männchen und Weibchen deutlich unterscheiden. Die Männchen sind schwarz gefiedert und haben einen gelben Schnabel. Die Weibchen sind meist dunkelbraun.

… dass vor allem am frühen Morgen und in der Abenddämmerung das Amselmännchen singt.

… dass die Amsel die wunderbarsten Lieder erfinden und singen kann.

… dass selbst kleine Singvögel tausende Kilometer weit fliegen können und sich in großer Höhe zurechtfinden.

FRÜHLINGSBLÜHER

Du kannst ganz einfach eine Hyazinthe im Glas zum Blühen bringen: Eine Hyazinthenknolle in ein leeres Altglas geben, mit ein bisschen Moos bedecken und immer gut feucht halten. Täglich kannst du ihr beim Wachsen zusehen.

NARZISSE
SCHLÜSSELBLUME
LÖWENZAHN
GÄNSEBLÜMCHEN
KROKUS
RANUNKEL

HERBARIUM ANLEGEN

EIN HERBARIUM IST EINE PFLANZENSAMMLUNG

Du brauchst:

- Pflanzen, die du bei trockenem Wetter sammelst
- eine Pflanzenpresse (falls vorhanden) oder ein dickes (Telefon-)Buch
- Zeitungspapier oder Löschpapier

So geht's:

Die Pflanzen bei trockenem Wetter in freier Natur oder im Garten sammeln und sorgfältig, mit genügend Abstand, zwischen die Seiten der Papiere legen. Das Buch schließen und mit anderen Büchern beschweren.

Nach 2–3 Tagen das Papier wechseln oder die Pflanzen auf andere Buchseiten legen, damit sie nicht schimmeln. Danach wieder beschweren. Nach ca. einer Woche sind die Pflanzen vollständig gepresst. Entweder kannst du dir damit eine kleine Pflanzensammlung anlegen, in der man die genauen Details der Pflanze notiert. Oder du verwendest die hübschen gepressten Pflanzen für Postkarten, Laternen oder laminierst sie.

Es kamen
Schneeglöckchensamen vom Kaukasus
mit Ameisendamen
in unseren Wald
als Frühlingsgruß.
Wie staunten da die großen Elefanten
mit den neugierigen Tanten.
Auch Träume werden wahr
im nächsten Jahr.

2K
3K
4K
1K
Waldschule!

OSTERHASE

Auf der grünen Wiese saß ein kleiner Hase. Was ist das?, dachte der kleine Hase und lief zum großen Hasen.

»Das ist ein Ei!«, sagte der große Hase.

»Ein Ei?«, fragte der kleine Hase. »Aber es ist braun und so anders!«

»Es hat ein Geheimnis!«, sagte der große Hase.

»Was für eines denn?«, fragte der kleine Hase.

»Du musst schon jemanden fragen, der sich mit Eiern auskennt!«, sagte der große Hase.

»Kennst du dich damit aus?«, fragte der kleine Hase den Maulwurf.

»Solch ein Ei gibt es nicht unter der Erde«, sagte der Maulwurf.

»Und du?«, fragte der kleine Hase die Kuh.

»Leider nicht!«, sagte die Kuh. »Aber die Eule!«

»Meine Eier sind kleiner!«, sagte die Eule. »Geh zur Henne!«

Da lief der kleine Hase mit dem Ei zur Henne. »Kennst du das Geheimnis von meinem Ei?«, fragte der kleine Hase.

»Lass es eine Weile bei mir!«, antwortete die Henne.

»Wie lange denn?«, fragt der kleine Hase.

»Du musst ein wenig Geduld haben«, sagte die Henne.

»Was ist das?«, fragte der kleine Hase.

»Warten können!«, antwortete die Henne.

Da lief der kleine Hase nach Hause zum großen Hasen und wartete, eine Stunde und einen Tag und eine Nacht und noch viele Tage und Nächte, dabei dachte er unaufhörlich an sein Ei.

»Morgen ist Ostern. Willst du nicht nach deinem Ei schauen?«, fragte der große Hase und machte ein geheimnisvolles Gesicht.

Das ließ sich der kleine Hase nicht zweimal sagen.

»Du kommst gerade recht!«, sagte die Henne.

»Mein Ei hat einen Sprung!«, sagte der kleine Hase erschrocken.

»Und was ist das?«, fragte die Henne stolz und hob ihren Flügel.

»Ein Küken!«, rief der kleine Hase froh.

»Ja, das ist das Geheimnis von deinem Ei, kleiner Osterhase!«, sagte der große Hase. »Denn wer so viel Geduld hat wie du, der ist ein wirklicher Osterhase.«

DAS WEIDENKÄTZCHEN

Kätzchen, ihr, der Weide,
wie aus grauer Seide,
wie aus grauem Samt!
O ihr Silberkätzchen,
sagt mir doch, ihr Schätzchen,
sagt, woher ihr stammt.

»Wollen's gern dir sagen:
Wir sind ausgeschlagen
aus dem Weidenbaum,
haben winterüber
drin geschlafen, Lieber,
in tieftiefem Traum.«

Christian Morgenstern
(1871–1914)

WUSSTEST DU

… dass *Ostern* das älteste und wichtigste Fest für die Christen ist.
… dass die Auferstehung Jesu Christi gefeiert wird.
… dass Ostern immer auf den Sonntag nach dem ersten Frühjahresvollmond fällt.
… dass der Name »Ostern« auf die angelsächsische Frühlingsgöttin »Eostre« zurückgeht.
… dass Hasen und Eier als Zeichen der Fruchtbarkeit gesehen werden.
… dass die Christen in der Karwoche keine Eier essen durften. Deshalb wurden sie gekocht, damit sie in der Zwischenzeit nicht faulten. Und sie wurden angemalt – so konnte man sie von den frischen Eiern unterscheiden.

WUSSTEST DU

… dass es auch im Islam eine Fastenzeit, den Ramadan, gibt.
… dass der Ramadan nach dem islamischen Kalender der 9. Monat ist und für die gläubigen Muslime ein ganz besonderer Monat. Von Sonnenaufgang bis zum Sonnenuntergang essen und trinken sie nicht, um Gott Allah auf diese Weise besonders nahe zu sein. Nach dem Einbruch der Dunkelheit aber trifft sich die ganze Familie zu einem üppigen, fröhlichen Mahl.

… dass der Ramadan mit dem dreitägigen Fest des Fastenbrechens endet. Es wird auch »Zuckerfest« genannt und gehört zu den wichtigsten Festen des Islam. Vor allem die Kinder freuen sich, denn sie bekommen neben Süßigkeiten auch Geschenke.

ZWIEBELEIER

Du brauchst:

- Schalen von Zwiebeln
- Blätter/Pflanzen
- eine alte Feinstrumpfhose zum Zerschneiden
- einen dicken Faden
- eine Schere
- rohe Eier
- einen Topf mit heißem Wasser

So geht's:

Die Zwiebelschalen in dem Topf mit Wasser kurz aufkochen, sodass eine bräunliche Farbe entsteht. Währenddessen die rohen Eier vorbereiten: Aus der Feinstrumpfhose werden ca. 10 x 10 cm große Stücke geschnitten. In die Mitte des Quadrats wird ein Blatt gelegt und mit dem rohen Ei beschwert. Anschließend den Strumpf an allen Ecken anpacken und von allen Seiten über das Ei ziehen und gut feststraffen, damit das Blatt beim Kochen nicht verrutscht. In der Mitte mit dem dicken Faden gut zubinden. Die präparierten rohen Eier in das kochende Zwiebelfärbebad geben und 10 Minuten kochen.
Die Eier kalt abschrecken und den Strumpf von den nassen Eiern lösen.

Wenn du gern andere Farben möchtest, kannst du anstelle von Zwiebelschalen auch anderes verwenden. Für ein leichtes Blau 6 EL gefrorene Heidelbeeren mit den Eiern kochen. Für einen Gelbton 4 EL Kurkumapulver mit den Eiern kochen. Wenn du Rote Bete verkochst, werden die Eier leicht rötlich.

Herr Meier,
was kosten die Eier?
Ein Lächeln nur!
Ein Wunsch ist darin,
wer findet ihn?

Eier nach dieser Vorlage aus Papier oder dickem Filz ausschneiden, bemalen, bekleben oder besticken.
An einen Strauch oder ein Päckchen hängen oder als Tischkärtchen oder Geschenkanhänger verwenden.

Du brauchst:

- Luftballons
- Schere oder Nadel
- für die Pappmachéeier: Tapetenkleister, Zeitungspapier, evtl. breiten Pinsel
- für die Gipseier: Gipsbinden und Wasser
- Farben zum Anmalen

So geht's:

Für die Pappmachéeier den Tapetenkleister nach Packungsanleitung anrühren und das Zeitungspapier in ca. 5 x 5 cm große Stücke reißen oder schneiden.
Anschließend den Luftballon in der gewünschten Größe aufblasen und gut verknoten.
Nun vorsichtig mit dem Tapetenkleister Stück für Stück die Zeitungsschnipsel auf den Luftballon aufkleben. Für die Öffnung des Eis einen Teil des Luftballons unbeklebt lassen.
Damit das Osterei stabil wird, ist es gut, mindestens vier Schichten Zeitungspapier übereinanderzukleben. Wenn die gewünschte Dicke erreicht ist, alles gut trocknen lassen. Das dauert ca. einen halben Tag. Nach dem Trocknen sticht man den Luftballon mit einer Nadel oder der Schere kaputt und löst ihn vom Papierei. Nun kannst du das Ei noch mit Plakatfarben anmalen, wie es dir gut gefällt.
Gipseier werden auf ganz gleiche Weise gemacht. Anstelle von Zeitungspapier werden Gipsbinden mit Wasser angefeuchtet und auf den Luftballon geklebt.

Eine weitere Idee: Wenn du lieber ein Osternest oder eine Osterschüssel hättest, kannst du auch nur die obere glatte Hälfte des Luftballons bekleben, trocknen lassen und anmalen.

Bei uns
regnet es kleine Wörter
und zwischendurch
scheint die Sonne
auf Silbenbaumblätter.

Farben
am Himmel
die Sonne lacht
der Himmel weint heiter
Regenbogen!

Viktoria

Weißt du, wann du einen Regenbogen sehen kannst?
Wenn es regnet und gleichzeitig die Sonne scheint.
Drehst du dich mit dem Rücken zur Sonne, dann siehst du ihn.

In blauer Hose
ritt eine Rose mit stolzem Geleit
auf einem Schimmel
in den Himmel.
»Wir feiern ein Fest!
Kommt alle herbei!«,
riefen die Sterne
und tanzten
den Blumenwalzer:
eins, zwei, drei.

WISSENSWERTES ZUM MAI

WUSSTEST DU

… dass meist am Vorabend des 1. Mai der Maibaum feierlich aufgestellt wird.

… dass das Stehlen des noch nicht aufgestellten Maibaums ein beliebter Brauch ist und dieser wieder eingelöst werden muss.

… dass dabei fröhlich gegessen und getrunken wird und unter dem Baum bis in den Morgen in den Mai getanzt wird.

… dass der Maibaum ein Zeichen für Fruchtbarkeit und Wachstum ist und vor Unheil schützen soll.

… dass es auch kleine Maibäume gibt, die vor das Haus der Angebeteten gestellt werden, um ihr besondere Zuneigung zu zeigen.

… dass am 2. Sonntag im Mai Muttertag gefeiert wird. Er geht auf das Jahr 1907 zurück.

Im Andenken an den Todestag ihrer Mutter hat ihn die Amerikanerin Anna Marie Jarvis ins Leben gerufen. Er verbreitete sich in fast allen westlichen Ländern der Welt.

ROSEN AUS EIERSCHACHTELN

*knifflig

Du brauchst:

- einen leeren 6er-Eierkarton (ergibt 2 Rosen)
- Kleber
- Farbe und Pinsel

So geht's:

Den Deckel von der Eierschachtel abreißen. Die einzelnen Fächer aus der Eierschachtel trennen. Pro Rose braucht man drei Fächer. Jedes Fach so einreißen, dass vier Blütenblätter entstehen. Die einzelnen Blütenblätter rund reißen. Je drei Kelche versetzt ineinanderkleben, dass eine schöne Blüte entsteht. Für das Blüteninnere aus dem Deckel des Eierkartons einen schmalen Streifen reißen, aufrollen und in die Mitte der Blume kleben. Wenn alles gut zusammenhält, die Rose in der gewünschten Farbe anmalen.

Tipp: Wenn du die Rose auf den vorderen Teil einer Wäscheklammer klebst, kannst du sie anstecken.

*einfach

Du brauchst:

- Schere
- Musterbeutelklammer
- 5 quadratische Papiere in den Formaten 8x8cm, 6x6cm, 5x5cm 3x3cm und 2x2cm.
- evtl. Farbe und Pinsel
- Wäscheklammer

So geht's:

Die Papiere wie in der Anleitung falten und einen gezackten Rand ausschneiden. Anschließend die Papiere der Größe nach, mit dem größten beginnend, aufeinanderlegen und mit der Musterbeutelklammer zusammenheften. Die Blütenblätter in der Hand nach oben drücken. Die fertige Blume auf eine Wäscheklammer kleben, und fertig ist die Rose.
Falls die Papiere nicht bunt sind, kannst du sie vor dem Falten und Schneiden noch bunt anmalen.

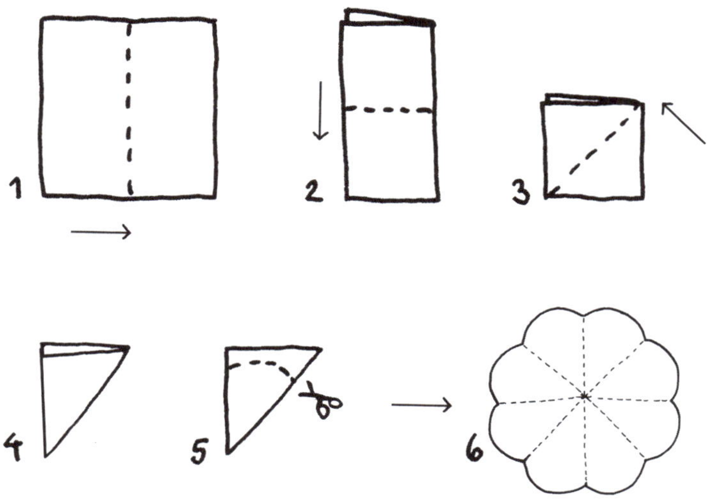

wandern
laufen
hüpfen

SOMMER

springen
singen
lachen

F A R B E N

Blumen
blühen kraftvoll
in unserem Garten
kunterbunt in allen Farben
Sommer!

Viktoria

Zinnie
Sonnenblume
Sonnenhut
Kosmea

ROSALIES ALLERGRÖSSTER SCHATZ

Rosalie war gerade dabei, die Karotten vor dem Gartenhaus zu ernten, als Mama gelaufen kam und rief: »Ein Brief von Opa für die kleine Piratin!« Sie schwenkte einen Briefumschlag und machte dazu ein geheimnisvolles Gesicht.

Neugierig öffnete Rosalie den Umschlag.

»Eine Schatzkarte!«, rief sie überrascht und betrachtete den Brief genauer. In verschnörkelter Schrift stand da:

Kleine Piratin Rosalie,
ganz in deiner Nähe ist ein Schatz.
Hisse das Segel und fahr über das Meer.
Findest du ihn, so gehört er dir!
Schiff ahoi!
Dein alter Pirat

Lange betrachtete Rosalie die Schatzkarte. Wo aber ist das Meer?, überlegte sie. Ich muss meinen Bären fragen. Vielleicht weiß er es. Rosalie stand auf. Sie wollte die Möwen und die großen Schiffe sehen und das weite Meer. Aber das Meer sah sie nicht, nur die Katze von nebenan.

Rosalie ging in das Gartenhaus.

»Weißt du, wo das Meer ist?«, fragte sie ihren Bären.

»Das Meer?«, brummte der Bär. »Aber warum?«

Die kleine Piratin zog den zerknitterten Brief aus der Rocktasche. »Ich suche einen Schatz! Kommst du mit?«

»Klar!«, brummte der Bär.

»Dann nichts wie los!«, rief die kleine Piratin Rosalie, nahm den Säbel und lief zur Tür hinaus. »Ich hole nur noch Kompass und Fernglas!«, sagte Rosalie und rannte zu ihrem Piratenversteck. Gerade als sie den großen alten Topf von ihrem geheimen Brett herunterzog, hörte Rosalie ein Kratzen.

»Nimm mich mit!«, bat die Katze laut. Sie hatte alles mitangehört.

Die kleine Piratin reichte ihr das Fernglas.

Die Katze schaute lange hindurch, drehte und wendete sich und sagte dann leise: »Ich sehe das Meer!«

Aber keiner sah das Meer außer ihr. Der Bär nahm den Kompass in die Hand.

»Die Richtung stimmt!«, brummte er.

»Hurra!«, rief Rosalie. »Es kann losgehen. So helft mir doch! Die alte Wanne ist unser Schiff. Hinter dem Meer ist der Schatz.«

Gemeinsam schleppten sie nun die alte Wanne auf die grüne Wiese. Ein altes Paddel wurde der Mast und ein Hemd das Segel. Im letzten Augenblick sprang die Katze an Bord. Schon hisste der Bär das Segel und Rosalie blies aus Leibeskräften und machte den Wind.

»Schiff ahoi!«, brummte der Bär und die Katze stimmte laut miauend ein: »Schiff ahoi!«

Sie fuhren auf dem großen grünen Meer, das die Wiese war. Umsegelten lachend und singend das Gartenhaus mit den rosa Blumen. Schließlich landeten sie am Gartenzaun. Sie bliesen aus Leibeskräften und machten Wind. Das Segel flatterte und das Schiff schaukelte.

Als sie müde waren von der langen Fahrt, schaute die Katze durch das Fernglas. »Endlich Land in Sicht!«, rief sie. »Nun suchen wir aber den Schatz!«

Schnell sprangen sie aus dem Schiff und rannten zu dritt zum Gartenhaus. Wo war nur der Schatz? Sie gruben sämtliche Blumen um, untersuchten im Garten alle Winkel, den Schatz aber fanden sie nicht.

»Ob es hier vielleicht Räuber gibt?«, brummte der Bär und sah sich ängstlich nach allen Seiten um.

»Räuber?«, fragte die Katze. Sie hörte erschrocken mit dem Graben auf, kletterte auf den Mast, sah durch das Fenster ins Gartenhaus und dann wieder durch ihr Fernrohr. Plötzlich wusste sie, wo der Schatz zu finden war. Mit lauter Stimme rief sie in den Garten hinunter: »In unserem Garten gibt

es keine Räuber! Hurra! Kommt alle mit!« Neugierig rannten sie zu dritt hinüber ins Haus. Sie öffneten die Tür zum Kinderzimmer …

»Opa, alter Pirat!«, rief die kleine Piratin Rosalie. »Du bist hier!«

Opa schmunzelte. »Manchmal ist man einem Schatz näher, als man glaubt!«

Er öffnete eine geheimnisvolle alte Kiste. Es war für jeden etwas dabei.

»Für mich bist du der allergrößte Schatz!«, rief Rosalie und strahlte über das ganze Gesicht. »Gehen wir morgen zusammen auf große Fahrt?«

»Aber klar!«, antwortete Opa, der alte Pirat.

»Und dann suchen wir neue Schätze!«, riefen die Katze und der Bär.

DUFTENDE KRÄUTERBLUMENKARTEN

Du brauchst:

- festes Papier, zu kleinen Kärtchen (10 x 10 cm) geschnitten
- Schere
- doppelseitiges Klebeband
- Pflanzen

So geht's:

Das doppelseitige Klebeband entsprechend groß in die Mitte der Kärtchen kleben.
Die Klebefolie erst abziehen, wenn du bereit bist, sie mit den Pflanzen zu bekleben.
Für die Duftkarten kannst du die Blätter von Kräutern oder Rosenblätter aufkleben.
Deiner Fantasie sind keine Grenzen gesetzt. Ganze Blümchen oder nur Blütenblätter, zu Mandalas gelegt, Gras und vieles mehr.
Die Karten lassen sich im Kuvert auch gut als Sommergruß verschicken oder als Tischkärtchen verwenden.

DIE ZITRONE

Zitronen gelb,
Zitronen grün,
Zitronen werft euch in Schale.
Wir feiern ein großes Fest.
So sprachen
zwei Admirale
im Sonnenuntergangssaale
bei Windstärke 12
aus Südwest.

SELBST GEMACHTER HOLUNDERSIRUP

Zutaten:

3 l Wasser
3 kg Zucker
50 g Zitronensäure
8–10 Dolden frischer Holunderblüten

So geht's:

Zucker und Zitronensäure in Wasser auflösen und zum Kochen bringen und die gesäuberten frischen Holunderblüten dazugeben. Kurz aufkochen lassen und 48 Stunden ruhen lassen.
Nach der Ruhepause den Sirup noch mal kurz aufkochen, die Dolden mit einem Sieb abschöpfen und den heißen Sirup in gut verschließbare Bügelflaschen abgießen, kurz auf den Kopf stellen und abkühlen lassen.
Den Sirup mit Sprudel aufgießen, und fertig ist die Holunderlimonade. Besonders erfrischend schmeckt sie mit Zitronen- oder Limettensaft und vielen Eiswürfeln.

Wenn du magst, kannst du auch ein paar Eiswürfel mit Zitronen- oder Limettenscheiben machen. Dazu einfach die Scheiben, oder auch Beeren, zusammen mit Wasser im Eiswürfelbehälter frieren lassen.

Die Kinder wissen es.
Auf der Erde zu Hause sein heißt:
Im Himmel zu sein.

nach Andreas Weber

Lust auf einen Besuch im Wolkenzoo?
Einfach mit dem Rücken auf die Wiese legen
und in den Wolkenhimmel schauen.
Welche Tiere siehst du?

ICH BIN DER KLEINE KÖNIG

Eines Morgens, die Sonne schien, der Großvater war in den Wald gegangen, da klopfte es ans Fenster.

»Ich bin's!«, rief das kleine Mädchen hinterm Apfelbaum. »Komm doch heraus!«

Der kleine Junge öffnete die Tür. Vor ihm stand das kleine Mädchen und lachte. »Spielen wir wieder unsere Geschichte? Du bist der König und ich die Königin, und den Teufel brauchen wir auch.« Das kleine Mädchen öffnete seine rote Tasche, die es mitgebracht hatte, und zog zwei blaue Tücher hervor, eine goldene Krone und ein Kästchen.

»Was hast du in dem Kästchen?«, fragte der Junge.

»Du wirst schon sehen«, sagte das kleine Mädchen, »du brauchst noch einen Thron!«

Der kleine Junge verschwand im Haus und schleppte Großvaters Lesestuhl aus der Küche auf die grüne Wiese. Hinter dem Gartenzaun bellte der Nachbarshund, und die Hühner gackerten.

»Ihr könnt auch mitspielen!«, rief das kleine Mädchen.

Der kleine Junge hatte sich auf den Stuhl gesetzt.

»Halt still!«, sagte das kleine Mädchen und legte ihm die blauen Tücher um die Schultern. »Und nun«, sagte das kleine Mädchen und öffnete das Kästchen, »nun bekommst du einen goldenen Ring, jetzt bist du wirklich der König in unserer Geschichte.«

Der Hund und die Hühner waren inzwischen durch die Hecke geschlüpft und hatten sich um den Thron versammelt. Das kleine Mädchen zog ein Buch aus der Tasche, das schon ganz zerlesen war.

»Jetzt geht's los, alle spielen mit!«, rief es. Richtig lesen konnte das kleine Mädchen noch nicht, aber das machte nichts. Langsam und bedeutungsvoll begann es zu sprechen:

»Es war einmal ein Königreich auf unserer grünen Wiese. In dem Königreich lebte ein König. Dem gehörten die grüne Wiese, eine Amselmutter, der Hund, die Hennen, der Frühling, die Sonne, der Wald, das Eismeer, feuerspeiende Berge, Mücken und Elefanten, Räuber und Nikoläuse, Schokolade und Gold, Postboten, Motorräder, Gänseblümchen, Kapitäne und große Schiffe, Puppen und Polizisten, nur eine Königin hatte er nicht.«

»Bleib auf dem Thron!«, rief das kleine Mädchen und klappte das Buch zu. »Pass auf, jetzt kommt der Teufel!«

Das kleine Mädchen hatte sich eine rote Maske vor das Gesicht gebunden. Nun war es der Teufel. Der Hund begann zu knurren. Der Teufel bat so flehentlich um den Ring, dass der König sich erweichen ließ und sagte:

»Für einen Augenblick, aber nur für einen Augenblick, bekommst du meinen Ring.«

Da packte der Teufel den Ring und warf ihn mit so viel Schwung über die Hecke, dass er platschend im Wasserfass landete. Vor Schreck fiel der König vom Thron.

»Du musst nun in die weite Welt wandern«, rief das kleine Mädchen, »hier liegt dein Stock!«

Also wanderte der König durchs Gartentor in die weite Welt hinaus. Da kam die Nachbarin vorbei und rief erstaunt:

»Wie siehst du denn aus, kleiner Junge? Bist du ein König?«

»Ich bin kein König mehr!«, sagte der kleine Junge. »Und außerdem hab ich keine Lust mehr zum Spielen. Das ist eine dumme Geschichte!« Und er steckte die Krone in die Hosentasche.

»Du musst nach Arbeit fragen!«, rief das kleine Mädchen ungeduldig. »Klopf an den großen Stein, der ist ein Schloss!«

Unwillig klopfte der kleine Junge an den Stein.

»Ich suche Arbeit, denn ich habe Hunger«, sagte er.

»Ja«, sagte das Schloss. »Du kannst hierbleiben und kochen.«

Das kleine Mädchen zeigte auf den Sandkasten, das war die Küche. Der kleine Junge setzte sich in den Sandkasten und wurde Koch. Er kochte Suppen aus Löwenzahngemüse und Brennnesselfleisch und backte Sandkuchen. Das kleine Mädchen hatte sich eine Krone auf den Kopf und einen Kranz ins Haar gesetzt. Sie war jetzt eine Königstochter und bat:

»Lass mich von deinem Kuchen essen.«

Da freute sich der König, der nun ein Koch war. Und beim Essen wussten die beiden einander viel zu erzählen von fernen Königreichen, Schokolade, Elefanten und Gold.

»Willst du meine Frau werden?«, fragte der Koch. »Ich bin ein König, der seinen Ring verloren hat.«

»Ja«, sagte das kleine Mädchen, das nun die Königstochter war, »gerne. Komm, wir fahren mit der Kutsche zum Tor hinaus.«

Da kam der Großvater aus dem Wald zurück.

»Was macht ihr denn da?«, rief er. »Es ist Zeit zum Essen!«

»Warte«, rief das kleine Mädchen, »wir sind gleich fertig!«

Es rannte zum Wasserfass hinter der Hecke und holte ein großes Blatt.

»Ich bringe einen Fisch aus dem Meer«, sagte das kleine Mädchen.

Der kleine Junge, der ein Koch war, öffnete das Blatt. Und was lag in dem Blatt, das ein Fisch war? In dem Fisch lag der goldene Königsring. Da freute sich der Koch und nahm die Königstochter bei der Hand. Hand in Hand liefen sie zum Großvater.

Und der kleine Junge rief: »Unsere Geschichte ist zu Ende! Großvater, schau, ich bin der König, und das ist meine Königin. Die Wiese ist unser Königreich, der große Stein ist das Schloss, der Sandkasten die Küche, dein Stuhl der Thron.«

Da lachte der Großvater. »Ich wärm jetzt die Suppe auf. Kommt herein und bringt mir meinen Stuhl!«

Der kleine Junge schleppte den Stuhl in die Küche.

»Heute darfst du darin sitzen«, sagte der Großvater, »du bist doch der König!«

»Aber was war mit dem Teufel?«, fragte der kleine Junge.

»Den hat der König an eine Kette gelegt«, sagte das kleine Mädchen.

»Ob der sich für immer an die Kette legen lässt?«, murmelte der Großvater.

»Es schlägt schon zwölf«, rief das kleine Mädchen erschrocken. »Ich muss nach Hause zurück! Auf Wiedersehen!« Und schon war es durch das Gartentor verschwunden.

Schade, dachte der kleine Junge, aber morgen ist wieder ein Tag. Und er ließ sich Großvaters Suppe schmecken.

FÄCHER AUS PAPIER

Du brauchst:

- festes Papier
- Schere
- Farbe zum Anmalen

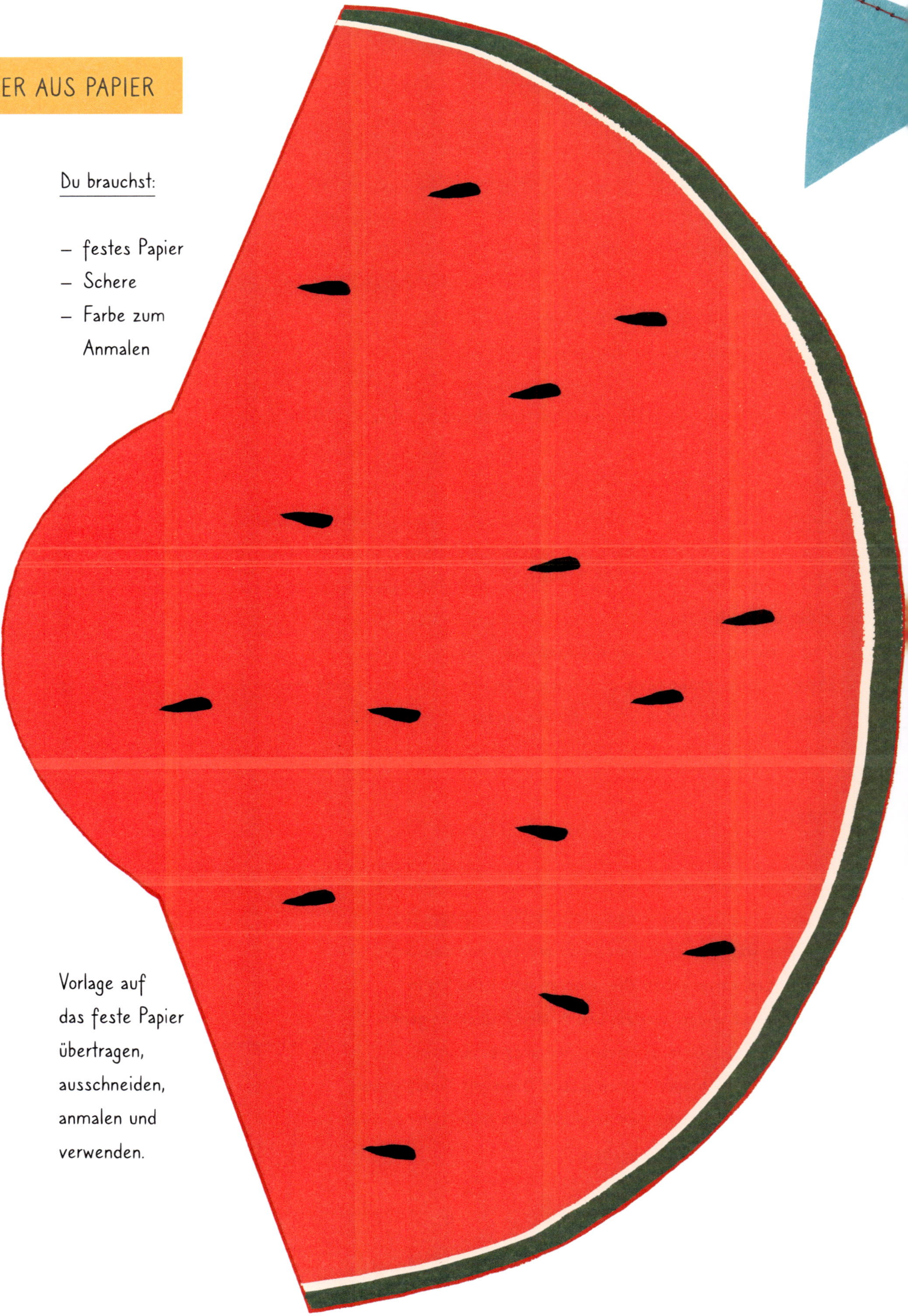

Vorlage auf das feste Papier übertragen, ausschneiden, anmalen und verwenden.

Den Sommer feiern!

Mit einem Gartenfest und Erdbeerbowle

Zutaten:

500 g Erdbeeren
4 Bio-Limetten
2–3 Flaschen Mineralwasser mit Kohlensäure
150 ml Holundersirup (evtl. zum Nachsüßen noch etwas mehr oder brauner Zucker) – für den Sirup kannst du das Rezept von Seite 82 verwenden.

Zubereitung:

Die Erdbeeren waschen, die Stiele abnehmen und in kleine Stücke schneiden und in eine große Schüssel geben. Die Limetten waschen. Eine Limette auspressen und den Saft zu den Erdbeeren geben. Die anderen drei Limetten in Scheiben schneiden, vierteln und zu den Erdbeeren geben. 150 ml Holundersirup dazugeben und alles zusammen mindestens 3 Stunden ziehen lassen. Dann mit Mineralwasser aufgießen. Zum Nachsüßen eventuell noch mehr Holundersirup oder braunen Zucker dazugeben.

Kiesel im Sand

SANDKUCHEN MIT ROSINEN

Zutaten:

200 g Butter
150 g Zucker
1 Pk. Vanillezucker
4 Eier
200 g Mehl
80 g Rosinen
etwas Puderzucker

Zubereitung:

Die Butter weich rühren und den Zucker und Vanillezucker dazugeben. Die Eidotter vom Eigelb trennen und das Eigelb zur Masse hinzufügen und gut verrühren.
Das Eiweiß zu festem Eischnee schlagen und zusammen mit dem gesiebten Mehl langsam unter die Buttermasse heben. Vorsichtig zu einer glatten Masse verrühren. Schließlich die Rosinen untermengen.
Den Teig in eine gefettete Kastenform (ca. 11 x 30 cm) geben und im vorgeheizten Backofen bei 175 °C 50–60 Minuten backen. Nach ca. 15 Minuten, wenn der Kuchen im Ofen schon ein bisschen aufgegangen ist und eine etwas stärkere Haut hat, macht man mit einem Messer von einem Ende zum anderen einen nicht zu tiefen Schnitt in der Mitte des Kuchens, damit sich der Teig während des Backens heben kann. Nach dem Backen den Kuchen auskühlen lassen, vorsichtig aus der Form nehmen und mit der aufgerissenen Seite nach oben anrichten. Den Kuchen mit Puderzucker bestreuen und, wenn man mag, mit Gänseblümchen verzieren.

ANTON

wollte gern verreisen
an einen stillen Ort.
Leben ist Reisen,
das will was heißen,
sagte er und ging fort.
Sein Ziel war der Nil
und dann irgendwann, irgendwo
war er froh.
Am Po und am Popokatepetl
fuhr er auf einem Roller
immer toller,
doch am Ende
schwamm er auf eine Insel
und malte
mit seinem Wörterpinsel
auf alle Bäume
Träume
nichts als
Träume.

DIE DREI FISCHE

Drei Fische
saßen in Hawaii
auf rosaroten Stühlen.
Sie wollten sich im Meereswind
die zarten Flossen kühlen.
Sie aßen viel Zitroneneis
und schnarchten um die Wette
am schönen Strande von Hawaii
und gingen spät zu Bette.

Eine
rote saftige
Beere verwandelt sich
manchmal in einen Zwerg.
Himbeere!

Viktoria

ZITRONENEIS & BEERENSMOOTHIE

Zutaten für das Zitroneneis:

1–3 Bio-Zitronen (man braucht 100 ml Saft davon)
75 g Zucker
1 Becher Sahne (200 g)

Zubereitung:

Die Zitronen auspressen, den Saft zusammen mit dem Zucker unter Rühren aufkochen und 5 Minuten köcheln lassen. Den Zitronensirup in eine Schüssel geben und abkühlen lassen.
Die Sahne steif schlagen und unter den Zitronensirup heben.
Die Eismasse in Behälter geben und für 3 Stunden in das Gefrierfach stellen.

Zutaten für den Beerensmoothie:

250 g Beeren (Himbeeren, Erdbeeren, Heidelbeeren, Brombeeren)
Saft von 3 Orangen
evtl. 100 ml Wasser (oder Pflanzenmilch), je nachdem,
wie dickflüssig man den Smoothie haben möchte
evtl. 1–2 EL Honig

Zubereitung:

Die Beeren zusammen mit dem Orangensaft im Mixer cremig rühren. Je nachdem, ob man den Smoothie lieber fester oder flüssiger mag, gibt man noch etwas Flüssigkeit dazu.
Zum Süßen kann man noch 1–2 EL Honig dazugeben.

KIRSCHKUCHEN

Zutaten:

für den Teig:
250 g Mehl
80 g Zucker
1 Ei
125 g Butter oder Margarine
1 Päckchen Vanillezucker

für die Streusel:
150 g Butter
150 g Mehl
150 g Zucker

außerdem:
etwas Fett und Mehl für die Form
Semmelbrösel
600 g Kirschen (frisch oder 2 Gläser)

Zubereitung:

Aus den Zutaten für den Teig einen geschmeidigen Teig kneten.
Den Teig in eine gefettete und mit Mehl bestäubte runde Kuchenform (Durchmesser ca. 26 cm) verteilen und am Rand ein bisschen hochziehen. Den Teigboden mit Semmelbröseln bestreuen, damit die Kirschen nicht zu sehr durchsaften. Dann die Kirschen darauf verteilen.
Für die Streusel alle Zutaten zu einem krümeligen Gemisch verarbeiten und auf die Kirschen streuen. Im vorgeheizten Ofen bei 180 °C 45 Minuten backen.

Im Herbst kannst du diesen Kuchen auch mit Zwetschgen oder Äpfeln backen. Dafür brauchst du so viele Äpfel oder Zwetschgen, bis der Kuchen ganz belegt ist.

Mit den Kirschen im Mund

Hoch zu Ross
ritt die Melone
nach Valmontone
mit einer Krone auf dem Kopf.
Da kam lachend ein Floh
und stach das Ross in den Po.
Es sprang vor Schreck in den Sumpf.
Da machte es Plumps.
Und die Krone war weg.

SOMMER IST...

... Lese- und Schreibglück

... Ferien

Sonne
Meer

... UNTERM
Sternenhimmel
SCHLAFEN

...FAULENZEN

... wie fühlst du den Sommer?

FLÜGEL

Eine Welle sprang
des Nachts
in mein Bett,
als wollte sie mich
für immer verschlingen.
Es gelang ihr nicht.
Ich drehte mich um.
Da wuchsen mir Flügel
zu ihrem Verdruss.
Und ich flog
wie ein Pegasus
auf und davon
bis nach Lissabon.
Dort schrieb ich ihr eine Karte.
Na warte.

Postkarte

Postkarte

Postkarte

Gestalte deine eigene Postkarte mit Reisesouvenirs und Fundstücken und verschicke sie. (Geht auch perfekt im Winter, wenn du Lust auf Sommer verspürst.)

Du brauchst:

- festes Papier in Postkartengröße
- Schere
- Kleber
- Reiseerinnerungen (das kann alles Mögliche sein, wie Obstpapiere, Briefmarken, Eintrittskarten, Schokoladepapiere, Broschüren, Fahrkarten, Fotos, Federn und vieles mehr)
- evtl. Stifte, Farben oder Stempel

Nº10336
ENTREPOT DE MATÉRIA
CHAUX HYDRAULIQUE
FOURNIT
Agréée p/ toutes les Administrations
CIMENTS PORTLANO-VALENTINE
ET ROQUEFORT
1/50
TANZANIA
Gratuit
Le chêne est un arbre
poisson

Ferien

Das Leben
besteht nicht nur aus
Schularbeiten … nur die Ochsen büffeln.
Der Kopf ist nicht das einzige Körperteil;
man muss nämlich auch springen,
turnen, tanzen und singen.

sagt Erich Kästner
(1899–1974)

»DREI GEWINNT« FÜR DIE TASCHE

FÜR ZWEI SPIELER:INNEN

Du brauchst:

- Kiesel oder Muscheln (dabei sollten immer 4 von einer Art und 5 von einer anderen Art sein)
- Papier
- Stift

So geht's:

Suche die Kiesel oder Muscheln so aus, dass du jeweils 4 oder 5 gleiche von einer Sorte hast. Gegebenenfalls kannst du auch mit einem Pinsel oder einem Stift nachhelfen und die Steine mit einfachen Symbolen versehen. Zeichne ein Gitter (#) auf (am Strand kannst du es mit einem Stock direkt in den Sand malen).

Zum Spielen legt ein Spieler nach dem anderen seine Muscheln oder Steine so in das Gitter, dass er möglichst drei Steine in einer Reihe hat. Gewonnen hat, wer zuerst waagerecht, senkrecht oder diagonal drei Steine in einer Reihe liegen hat.
Wenn du magst, kannst du die 9 Spielsteine auch in ein Stoffsäckchen oder eine kleine Schachtel legen und obendrauf das Gitter aufzeichnen. So kannst du es überallhin mitnehmen und gleich spielen.

... Reisesouvenirs und Fundstücke in kleine Schachteln (z. B. leere Streichholzschachteln) oder Dosen kleben und zu einem Bild zusammenfügen.

REISESOUVENIRS WERDEN KUNST

Im Herbst auch mit
den Kappen der Eicheln
zu machen.

Du brauchst:

- mindestens 16–20 gleiche Flaschendeckel
- Stifte, Farben
- evtl. Schere, Kleber und Papier

So geht's:

Immer bei zwei Deckeln die gleichen Motive auf die Innenseite malen oder kleben, sodass ein gleiches Paar entsteht.
Sobald alle Deckel bemalt sind, kann's schon mit dem Spielen losgehen: Deckel umdrehen, vermischen und auslegen. Jeder Spieler darf immer zwei Deckel umdrehen, mit dem Ziel, ein gleiches Bildpaar zu finden. Wer die meisten Bildpaare gefunden hat, hat gewonnen.
Je mehr Deckelpaare du gestaltest, umso anspruchsvoller wird das Spiel.

DECKELMEMORY AUS FLASCHENDECKELN

DAS KLEINE SCHLAFSCHAF

Jeden Abend setzte sich Mama Schaf zu ihrem kleinen Schaf ans Bett.

»Jetzt bist du mein kleines Schlafschaf«, sagte Mama Schaf.

Und dann sang sie ihm ein Gutenachtlied, jeden Abend das gleiche Lied. Da kuschelte sich das kleine Schaf in sein Kissen, gähnte laut und schlief tief und fest bis zum anderen Morgen. Heute aber wollte das kleine Schaf nicht einschlafen.

»Nein«, rief das kleine Schaf. »Heute will ich kein Schlafschaf sein!«

»Aber warum denn nicht?«, fragte Mama Schaf.

»Weil«, sagte das kleine Schaf und räusperte sich. »Weil ich so viel verpassen könnte und weil ich überhaupt nicht müde bin!« Und dann fügte es noch hinzu: »Ich will den Mond sehen und die Sterne!«

»Ach so«, sagte Mama Schaf und öffnete das Fenster. Da sah das kleine Schaf den Mond.

Er war groß und leuchtete. Und um ihn funkelten die Sterne, unzählig viele Sterne. Und es sah eine weiße Wolke am Himmel. In der Wolke saß ein kleiner Mann und zwinkerte ihm zu.

»Das ist der Sandmann!«, sagte Mama Schaf. »Jeden Abend, wenn es dunkel wird, wandert er um die ganze Welt. Er schaut in jedes Haus und streut allen kleinen Schafen Traum-Sand in die Augen, damit sie besser schlafen können!«

»Mir auch?«, fragte das kleine Schaf.

»Dir auch«, erwiderte Mama Schaf.

»Aber ich spüre gar nichts!«, sagte das kleine Schaf und rieb sich die Augen.

»Sei ganz leise und mach schön deine Augen zu, dann kommt der Sandmann mit seinem Wolkenschiff zu dir!«, sagte Mama Schaf.

Da kuschelte sich das kleine Schaf in sein Kissen. Ganz still lag es da und wartete. Es schloss für einen Moment die Augen. Und ehe es sich versah, streute ihm der Sandmann einige Körner feinen Sand in die Augen.

»Kommst du heute in meinem Wolkenschiff mit mir um die Welt?«, fragte der Sandmann leise.

Erstaunt sah ihn das kleine Schaf an, und dann nickte es.

Der Sandmann nahm seine Geige hervor und spielte ein Lied. Das kleine Schaf lauschte. Es ist mein Lied, dachte es. Schon erhob sich das Kissen, auf dem das kleine Schaf lag, und segelte durchs Fenster zum Wolkenschiff.

»Nun steig ein!«, rief der Sandmann.

Das kleine Schaf ließ es sich nicht zweimal sagen. Da erhob sich leise das Wolkenschiff. Es schwebte über das Haus hinweg. Alle Lichter waren erloschen. Kein Laut war zu hören. Das kleine Schlafschaf sah sich neugierig nach allen Seiten um. Die Vögel in den Bäumen hatten ihre Köpfe in die Federn gesteckt. Der Mond leuchtete hell herab auf die Erde. Der Hund lag schlafend vor seiner Hütte. Nur ein schwarzer Kater strich leise ums Haus. Sie flogen höher und immer höher. Sie flogen an der Milchstraße vorüber, am Großen und Kleinen Bären vorbei. Sie flogen tiefer über fremde Berge und Meere, über Wüste und Steppe, über Wiesen und Wälder, über kleine Dörfer und riesengroße Städte, am Äquator vorbei, vom Nordpol zum Südpol. Wo sie aber vorüberkamen, streuten sie feinen Sand und brachten wunderschöne Träume.

Als am nächsten Morgen die Sonne aufging, flog das kleine Schaf durch das Fenster zurück in sein Zimmer und landete sanft in seinem Bett.

Es schlug seine Augen auf und dann rief es: »Mama, heute Nacht hat mir der Sandmann seinen schönsten Traum geschenkt!«

Seitdem wartet das kleine Schaf jeden Abend auf den Sandmann und freut sich auf einen schönen Traum von ihm.

Hab acht, du darfst dir etwas wünschen, wenn du eine Sternschnuppe siehst. Musst den Wunsch aber bei dir behalten.

Wenn in der Sommernacht
Sternschnuppen fallen,
dann ruf ich dir zu,
blaue Erde,
dass auch ich
Sternenstaub bin wie du.

WUSSTEST DU

… dass der 21. Juni der längste Tag des Jahres ist und da der Sommer beginnt.

… dass an diesem Tag nach einem alten Brauch die Sommersonnenwende mit Feuer, Musik und Tanz gefeiert wird.

… dass am 24. Juni mit Johannisfeuer der Geburt Johannes' des Täufers gedacht wird.

… dass du vor allem im August viele Sternschnuppen sehen kannst.

LÖWENBRAUT

Leise schüttelt der Wind
dir die Mähne
eine Amsel pickt Kerne
aus deinem Haupt
Sonnenblume, du Schöne im Himmelsblau
wächst weiter und weiter
wie eine Leiter.

Die mit einem kleinen Tassensymbol gekennzeichneten Kräuter eignen sich gut für Tee. Du kannst sie in einem Stoffsäckchen trocknen und im Herbst als Tee trinken.

WUSSTEST DU

… dass man besonders im Alpenraum anlässlich von Mariä Himmelfahrt (15. August) 7 bis 99 Kräuter zu einem »Kräuterboschen« (Kräuterbusch) zusammenbindet. Sie werden geweiht und sollen vor Unglück schützen.

Für das *Kräutersalz* Rosmarin, Thymian und Oregano in einem Säckchen trocknen. Von den getrockneten Kräutern je zwei Teelöffel (insgesamt 6 g) zu 60 g Salz geben und verrühren.

Kräuterbutter

Zutaten:

125 g Butter
Kräuter: 1 Zweig Thymian
1 kleines Ästchen Rosmarin
3 Stängel Schnittlauch
1 Salbeiblatt
1 Zweig Oregano
2 Stängel Petersilie
1 TL Olivenöl
ggf. eine halbe Knoblauchzehe

Zubereitung:

Die Butter 1–2 Stunden vor dem Zubereiten aus dem Kühlschrank holen. Die Kräuter von den Stielen und Stängeln zupfen, ganz klein hacken und mit der Butter vermischen, bis eine cremige Masse entsteht. Das Olivenöl sorgt dafür, dass die Butter geschmeidig bleibt. Wenn man mag, mit einer halben zerdrückten Knoblauchzehe ergänzen. Schmeckt lecker auf Brot, zu Gegrilltem oder als Kräuterbaguette.

Manche Kräuter lassen sich auch gut für Kräutertee verwenden.
Das sind zum Beispiel Salbei, Thymian, Minze und Zitronenmelisse. Entweder frisch mit heißem Wasser übergießen oder erst in einem Stoffsäckchen trocknen, aufbewahren und später mit heißem Wasser zu Tee aufkochen.

KRÄUTERSALZ & KRÄUTERBUTTER

Farn
Waldmeister
Aronstab

GEFUNDEN

Ich ging im Walde
So für mich hin,
Und nichts zu suchen,
Das war mein Sinn.

Im Schatten sah ich
Ein Blümlein stehn,
Wie Sterne leuchtend
Wie Äuglein schön.

Ich wollt es brechen,
Da sagt' es fein:
Soll ich zum Welken
Gebrochen sein?

Ich grub's mit allen
Den Würzlein aus,
Zum Garten trug ich's
Am hübschen Haus.

Und pflanzt' es wieder
Am stillen Ort;
Nun zweigt es immer
Und blüht so fort.

Johann Wolfgang von Goethe
(1749–1832)

wachsen
pflanzen
schneiden
ernten
feiern

HERBST

WIE IST DEIN HERBST?

SEPTEMBERMORGEN

Im Nebel ruhet noch die Welt,
Noch träumen Wald und Wiesen:
Bald siehst du, wenn der Schleier fällt,
Den blauen Himmel unverstellt,
Herbstkräftig die gedämpfte Welt
In warmem Golde fließen.

Eduard Mörike
(1804–1875)

Farbenspiel

KASTANIEN SAMMELN

Goldenes Sonnenlicht

DRACHENWIND

Buche
Eichel
Eiche
Buchecker
Ahorn
Hagebutte
Ahornnase
Ginkgo
Kastanie

LEGE DEIN EIGENES HERBSTMANDALA
MIT DINGEN, DIE DU IN DER NATUR FINDEST.

Bei einem Spaziergang im Herbst kannst du viel Schönes finden.
Stöckchen, Eicheln, Nussschalen, bunte Blätter und vieles mehr.

Zum Weitergestalten brauchst du:
Schnitzmesser, Farbe und Pinsel oder Acrylstifte, Kleber …

Fliegenpilze aus Eicheln
Die Eichel weiß und das Hütchen rot anmalen und weiße Punkte draufsetzen.

Schnitz-Zwerge aus Stöckrn
8–10 cm lange Stöckchen anspitzen und den Zwergen eine bunte Zipfelmütze, Bart und Gesicht malen.

Marienkäfer
Eine halbe Walnussschale rot mit schwarzen Punkten anmalen.
Für die Fühler kleine Stöckchen oder Draht ankleben.

Boote aus Nussschalen
Aus der anderen Hälfte der Schale ein Boot bauen.
Einen kleinen Stock als Mast und ein Blatt als Segel.

WUSSTEST DU

… dass man aus Apfelkernen eine ganz tolle Kette machen kann?

Ist ganz einfach:

Du brauchst Nadel und Faden und Apfelkerne

Jedes Mal, wenn du einen Apfel isst, nimmst du die kleinen Kernchen heraus. Wenn die Kerne ganz frisch sind, geht es am leichtesten, die Nadel durchzustechen und den Faden durchzuziehen. Praktisch ist es, die angefangene Kette mit Nadel und Faden griffbereit in einem Schüsselchen zu deponieren, damit man gleich weiterfädeln kann, wenn ein Apfel geschnitten oder gegessen wird.
Je nachdem, wie viele Äpfel gegessen werden, ist die Kette früher oder später fertig. Sie sieht toll aus!

DER APFEL

Äpfel
die lachen so gern.
Apfelbacken und Apfelkern,
Apfelschnitz und Apfelbrei
sind alle mit dabei
im Früchte-Allerlei.

Gebackene Apfelringe mit Zimtzucker

Zutaten:

3–4 große Äpfel
125 g Mehl
1 Ei
100 ml Milch
125 ml Mineralwasser
etwas Speiseöl

Zimtzucker zum Bestreuen

Zubereitung:

Die Äpfel schälen. Mit einem Apfelausstecher das Kerngehäuse ausstechen und die Äpfel zu feinen, ca. 5 mm dicken Ringen schneiden. Aus dem Mehl, Ei, Milch und Mineralwasser einen Pfannkuchenteig anrühren. Die Apfelringe im Teig wenden, in der Pfanne mit ein bisschen Speiseöl ausbacken, bis der Teig goldgelb ist.
Mit Zimtzucker bestreuen und warm genießen.

LUXUS

DIE BIRNE

Nach Marrakesch
ganz groß und fesch
reiste
eine gelbe Birne.
Sie fuhr in einem Luxusschiff
und strandete an einem Riff.
Sie schaute sich um,
es war doch zu dumm …

Was macht sie nun?
Dichte weiter!

WUSSTEST DU

… dass zwischen dem 21. und 23. September Tag und Nacht gleich lang sind. Dies ist die Tag-und-Nacht-Gleiche. Dann beginnt bei uns der Herbst, und auf der Südhalbkugel der Erde der Frühling.

WIR SIND STERNENSTAUB

Aus dem Himmel eine Erde machen,
sagt Rose Ausländer

WUSSTEST DU

… dass am 29. September Michaelistag ist und dass da des Erzengels Michael gedacht wird, der das Böse vertreibt.

… dass er für den Mut steht und sein Schwert dafür, Klares von Unklarem zu unterscheiden.

… dass eine Bauernregel sagt: *Regnet es am Michaelistag, folgt ein milder Winter nach. Wenn aber zu Michael der Wind kalt weht, ein harter Winter zu erwarten steht.*

… dass die Tage um den Michaelistag beliebt sind für den Almabtrieb.

… dass abends wieder bis Lichtmess (2. Februar) Lichter angezündet werden.

… dass es den Brauch gibt, aus gemahlenen Körnern Michaeliwecken zu backen. Diese werden am Abend gemeinsam gegessen, um an der Kraft und dem Mut von St. Michael teilzuhaben.

Michaeliwecken

Zutaten:

800 g Brotmehl
1 Würfel frische Hefe
500 ml lauwarmes Wasser
1 Prise Zucker
3 TL Kräutersalz
2 EL Kräuter der Provence, wenn man mag
8 EL Olivenöl

Zubereitung:

Das Mehl in eine Schüssel geben und eine Kuhle formen. Die Hefe in die Kuhle bröseln und mit dem lauwarmen Wasser und einer Prise Zucker ein »Dampfl« machen und 15 Minuten stehen lassen. Nachdem die Hefe aufgegangen ist, fügt man alle restlichen Zutaten dazu und knetet sie zu einem glatten Teig, der sich leicht aus der Schüssel lösen sollte. Den Hefeteig zudecken und an einem warmen Ort gehen lassen, bis er sich verdoppelt. Wenn der Teig so weit ist, knetet man ihn nochmals von Hand durch. Zwei Drittel des Teiges werden zu einem runden Fladen ausgewellt und auf ein mit Backpapier belegtes Backblech gegeben. Das übrige Drittel Teig wird noch mal in drei gleiche große Teile geteilt, die zu spitz zulaufenden Strängen gerollt werden. Aus den Strängen formt man ein geflochtenes Schwert, das man auf den großen Fladen legt.
So wird das Brot im vorgeheizten Backofen bei 200 °C ca. 20 Minuten gebacken.

Urkornbrot

Zutaten:

1 Pck. Trockenhefe
500 ml lauwarmes Wasser
2 TL Salz
1 TL Honig
500 g Emmer-, Rotkorn- oder Einkornmehl
50 g Leinsamen, geschrotet
50 g Quinoa, gepufft
nach Geschmack eine Handvoll Walnüsse, eine mittelgroße fein geriebene Karotte

Zubereitung:

Trockenhefe in lauwarmem Wasser verrühren, Salz und Honig dazugeben. Danach Mehl, Leinsamen und gepuffte Quinoa gut mit dem Wasser verrühren, bis eine zähflüssige Masse entsteht. Wenn man mag, kann man auch noch eine Handvoll Walnüsse dazugeben und eine mittelgroße Karotte hineinreiben. Die Masse in eine mit Backpapier ausgelegte Kastenform geben und bei 180 °C (nicht vorgeheizt) 1 Stunde backen. Guten Appetit!

KENNST DU DIESES GETREIDE?

POMPOSA

Es war Montag. Es regnete in Strömen. Der Wind pfiff ums Haus. Luca saß in seinem Zimmer und zeichnete. Eine Insel, noch eine Insel und wieder eine Insel, denn er war sehr neugierig auf alles, was es in der Welt zu erforschen gab. Neben ihm lag Umberto, sein kleiner Bär, über eine Landkarte gebeugt. Er deutete mit seiner Pfote auf einen kleinen roten Punkt.

»P o m p o s a«, buchstabierte er mühevoll. Und dann wiederholte er den Namen immer wieder aufs Neue: »Pom poooo sa, Pomposa!«, laut und leise brummend und singend.

Plötzlich aber stand er auf, klappte die Karte zu und steckte sie in seine Jackentasche. Ohne auf Luca zu achten, riss der kleine Bär die Türe auf und verschwand.

»Umberto, wo willst du hin?«, rief ihm Luca nach.

»Nach Pomposa!«, antwortete Umberto.

Und dann rannte er, so schnell er konnte, aus der Wohnung ins Treppenhaus. Mit einem Plumps landete er in Mama Himmelblaus großem Einkaufskorb, der vor der Wohnungstür stand. Verwirrt schloss Umberto für einen Moment die Augen. Dann kauerte er sich in eine Ecke des Korbs unter ein Tuch und rührte sich nicht von der Stelle. Denn soeben kam Mama Himmelblau fröhlich trällernd aus der Küche, ergriff ihren Einkaufskorb, rief Luca etwas zu, das der kleine Bär unter dem Tuch nicht verstand, und ging fort.

»Was mach ich nur, wenn mich Mama Himmelblau hier entdeckt?«, dachte Umberto.

Mama Himmelblau ging eilig die Treppe hinunter. Sie trat aus dem Haus. Der Regen hatte aufgehört, und die Sonne schien. Lachend unterhielt sich Mama Himmelblau einen Augenblick mit der Nachbarin über das Wetter, und dann setzte sie festen Schrittes ihren Weg fort. Aus weiter Ferne hörte Umberto das Schlagen der Kirchturmuhr und das Rattern der Straßenbahn. Es schaukelt hier drin wie in einem Schiff, dachte der kleine Bär. Wenn ich nur nicht seekrank werde! Ihm schwindelte. Er krallte sich mit seinen kleinen Pfoten im Geflecht des Korbes fest und presste die Augen noch fester zusammen. Da sah er plötzlich das Meer, das er auf der Landkarte so lange betrachtet hatte. Mit einem Mal begann er zu träumen: Er trug eine weiße Schirmmütze auf dem Kopf. Mit einem großen Dampfer fuhr er über den Ozean. Alle

Leute waren stolz auf ihn. Sie winkten dem kleinen Bären zu und riefen fröhlich: »Hoch lebe unser Kapitän!«

Plötzlich aber machte es einen Ruck, und das Schiff stand still.

Wenn ich nur nicht sinke mitsamt dem Schiff und den Passagieren, dachte der kleine Bär. Bestimmt gibt es viele Ungeheuer im Meer. Sie sperren ihre Riesenmäuler auf, und dann verschlingen sie mich mit dem Schiff!

Erschrocken kletterte der kleine Bär aus dem Korb und sah sich erstaunt nach allen Seiten um. Wo befand er sich nur? Auf dem Meer war er nicht. Mama Himmelblau hatte den Korb in einem Einkaufswagen vor dem Obstregal abgestellt. Berge von Kokosnüssen, Orangen, Zitronen türmten sich vor dem kleinen Bären auf. Es roch nach gebratenen Würstchen und Fisch. Eine fremde Stimme dröhnte abwechselnd mit Musik aus einem Lautsprecher.

Neugierig schwang sich Umberto auf die oberste Sprosse des Obstregals. War das vielleicht Pomposa, sein Pomposa? Da zeigte eine Frau mit einer orangefarbenen Schürze auf den kleinen Bären, es war eine Verkäuferin. »Hier sind Tiere verboten!«, sagte sie streng.

Vor Schreck verlor Umberto das Gleichgewicht und stürzte in einen Blumentopf, der fiel krachend um und zerbrach.

»Was für ein lustiger kleiner Bär!«, rief ein sommersprossiges Mädchen und nahm Umberto in den Arm.

»Hilf mir!«, flüsterte ihm der verzweifelte Umberto ins Ohr.

Sie drehte sich rasch nach der aufgebrachten Verkäuferin um. »Es war nur mein kleiner Bär!«, sagte sie entschuldigend und drückte sich schnell an der Kasse vorbei auf die Straße. »Was suchst du denn in einem Supermarkt, kleiner Bär?«, fragte sie besorgt.

»In einem Supermarkt?«, erwiderte Umberto entsetzt. »Was ist das denn?«

Da erklärte ihm das Mädchen Emilie geduldig, dass man sich dort viele Dinge aus der ganzen Welt kaufen kann, die man sich wünscht, die man braucht oder auch nicht braucht. »Auch Dinge von Pomposa?«, fragte der kleine Bär.

»Vielleicht auch von Pomposa!«, sagte sie und dann erzählte ihr der kleine Bär von Luca, seinem Freund dem Forscher, von Mama Himmelblaus Einkaufskorb und seiner Fahrt auf dem stürmischen Meer.

»Kleiner Abenteurer-Bär!«, sagte Emilie und strich Umberto beruhigend über das Fell.

»Ach«, seufzte der kleine Bär. »Wäre ich doch nur wieder zu Hause bei Luca, mit ihm würde ich stundenlang geheimnisvolle Orte auf der Landkarte entdecken, und vielleicht gingen wir dann irgendwann einmal zusammen nach Pomposa?«

»Komm«, sagte das Mädchen und kraulte Umberto. »Wir finden deinen Freund!«

Als Umberto plötzlich verschwunden war, wurde es Luca himmelangst. Keiner zog ihn mehr neckend am Ohr oder hüpfte in wilden Sprüngen über die Eisenbahn. Wo war Umberto? Wenn er sich nun ganz allein mit der Landkarte unter dem Arm auf den Weg gemacht hatte nach Pomposa? Luca durchsuchte das Haus vom Dachboden bis zum Keller. Nirgendwo war eine Spur von Umberto. Verzweifelt rannte Luca auf die Straße hinaus. Er hatte immer nur an seine Inseln gedacht und Umberto dabei ganz vergessen! Traurig sah er sich nach allen Seiten um. »Umberto!«, rief er leise. »Umberto, wir werden zusammen spielen und nach Pomposa gehen!«. Immer drängender rief Luca.

Er traute seinen Augen kaum. Bei dem Akkordeonspieler an der Ecke stand ein blondes Mädchen. In ihrem Arm lag … »Umberto!«

»Himmelblau!«, rief Umberto, er nannte ihn nur in ganz besonderen Augenblicken so. Mit einem weiten Sprung landete er auf Lucas Schulter. »Da bist du ja endlich!«, stieß Umberto hervor.

»Aber wo warst du denn die ganze Zeit? Ich habe mir solche Sorgen um dich gemacht!«, fragte Luca vorwurfsvoll.

»Zum ersten Mal in meinem Leben war ich in einem Supermarkt!«, antwortete Umberto.

»Wer ist denn das?«, fragte Luca und zeigte auf das blonde Mädchen.

»Das ist Emilie, sie hat mich gerettet!«, erwiderte Umberto stolz.

»Gerettet?«, antwortete Luca.

Während Emilie gerade von Umbertos Abenteuer zu erzählen begann, erschien Mama Himmelblau überraschend mit ihrem übervollen Einkaufskorb.

»Luca«, sagte sie vorwurfsvoll. »Du solltest zu Hause sein! Wo kommst du eigentlich her?«

Luca begann zu stottern. »Ach, das ist eine lange Geschichte, von der ich auch nicht alles weiß!« Er zeigte auf Umberto und Emilie.

Mama Himmelblaus verfinstertes Gesicht hellte sich auf. »Na, dann kommt mal am besten alle mit nach Hause. Mir scheint, wenn einer eine Reise macht, dann kann er was erzählen. Und bei Honigkuchen und Tee erzählt es sich obendrein leichter!«

Während sie gemeinsam den Heimweg einschlugen, gab es viel zu fragen, von Mama Himmelblau, von Luca und Emilie. Doch alles erzählte Umberto noch nicht von seiner abenteuerlichen Reise, denn bei Honigkuchen und Tee erzählt es sich wirklich leichter.

banana
Fruits
FRESH
BROKKOLI
Lemoni
DU SUD

Kohlrabi
Tomate
Paprika
Erbse
Zucchini
Aubergine
Artischocke
Karotte / Gelbe Rübe / Möhre
Kartoffel
Radieschen
Zwiebel

WUSSTEST DU

… dass immer am ersten Sonntag im Oktober nach Michaeli *Erntedank* gefeiert wird.

… dass mancherorts »Erntekronen«, die aus Weinreben oder Getreide geflochten sind, in einer Prozession durch die Straßen getragen werden.

… dass die Altäre mit den Erntegaben kunstvoll geschmückt werden, als Zeichen des Dankes für den Ertrag in den Gärten und in der Landwirtschaft.

… dass diese Gaben dann an Bedürftige weitergegeben werden.

… dass es Erntedank auch in vielen anderen Ländern gibt.

… dass in den USA und Kanada »Thanksgiving« an dem vierten Donnerstag im November gefeiert wird, wo Freunde und Verwandte zum traditionellen Truthahnessen eingeladen werden, und »Thanksgiving« dort wichtiger ist als Weihnachten. Präsident Abraham Lincoln hat dieses Fest im Jahr 1863 begründet.

»Für dies und das – deo gratias.«

Dies ist nach einer mündlichen Überlieferung
das kürzeste Tischgebet aus dem 12. Jahrhundert

KARTOFFEL

Kartoffeln
laufen so gern
in Pantoffeln
durchs Kellerverlies
und träumen
vom Paradies
im Mai.
Doch bald
ist’s mit der Ruhe vorbei
und sie enden
neben dem Lauch auf dem Teller
als Brei.

WUSSTEST DU

… dass die Kartoffel ursprünglich aus Südamerika kommt.
Sie wurde Anfang des 16. Jahrhunderts von den Spaniern entdeckt und kam so nach Europa.
In Deutschland war das Misstrauen der Bevölkerung gegen die unansehnliche Knolle groß.

Hunger und Krieg herrschten im Land. Da griff der preußische König Friedrich der Große zu einer List. Der »Alte Fritz« ließ Kartoffelfelder anlegen und wie sein kostbarstes Gut von Soldaten bewachen. Die Neugierde war entfacht. Heimlich stahlen die Bauern die Knolle und pflanzten sie in ihre eigenen Gärten und Felder. Genau das wollte der König. So begann nun im 18. Jahrhundert der Siegeszug der Kartoffel. Weltweit verbreitete sie sich als unentbehrliches Grundnahrungs- und Futtermittel.
In den botanischen Gärten wurde sie wegen der schönen Blüte und des üppigen Laubes bewundert. Sogar Marie-Antoinette schmückte ihr Haar mit einer Kartoffelblüte.

Die Kartoffelpflanze enthält giftige Stoffe.
Grüne Stellen, Keime und »Augen« entfernen!

SELBST GEMACHTE OFEN-POMMES

Zutaten (für 2 Personen):

500 g festkochende Kartoffeln
2–3 EL Olivenöl
1 TL Salz
1 EL Pizzagewürz (wenn man mag)

Zubereitung:

Den Backofen auf 220 °C vorheizen.
Die Kartoffeln waschen, schälen und in 1 cm dicke Stifte oder Spalten schneiden.
In eine Schüssel geben und mit dem Olivenöl, dem Speisesalz und dem Gewürz vermengen.
Auf ein mit Backpapier ausgelegtes Backblech so legen, dass die Kartoffeln genügend Platz haben.
Auf mittlerer Schiene ca. 40 Minuten backen, bis sie knusprig sind. Nach 20 Minuten Backzeit einmal wenden.

Köstlich dazu schmeckt ein Schnittlauchquark oder eine mexikanische Guacamole aus Avocado.

Menü-Karte

Während die Kartoffeln im Ofen backen,
kannst du in der Zwischenzeit eine
Menü-Karte
mit Kartoffeldruck gestalten.

Du brauchst:

- Küchenmesser
- Schneidebrett
- Kartoffel
- Ausstechform
- Pinsel
- Wasserfarbe
- Malbecher
- Papier

So geht's:

Die Kartoffel der Länge nach mit dem Messer halbieren. Die Ausstechform tief in das Innere der Kartoffelhälfte drücken.
Anschließend die um die Form liegenden Ränder vorsichtig wegschneiden, dass nur noch das Motiv erhaben steht. Fertig ist der Stempel!
Farbe dick auf den Stempel auftragen und das Papier damit bedrucken.

KLEINE FALTBECHER

Du brauchst:

- quadratisches Papier im Format 20 x 20 cm
- Backpapier zum Einlegen in die Becher, damit das Öl nicht durchdrückt.

So geht's:

Das Papier nach der Anleitung falten und an den Kanten leicht zusammendrücken, dass sich der Becher öffnet. Mit einem kleinen Stück Backpapier auslegen und die selbst gemachten Ofen-Pommes hineingeben.

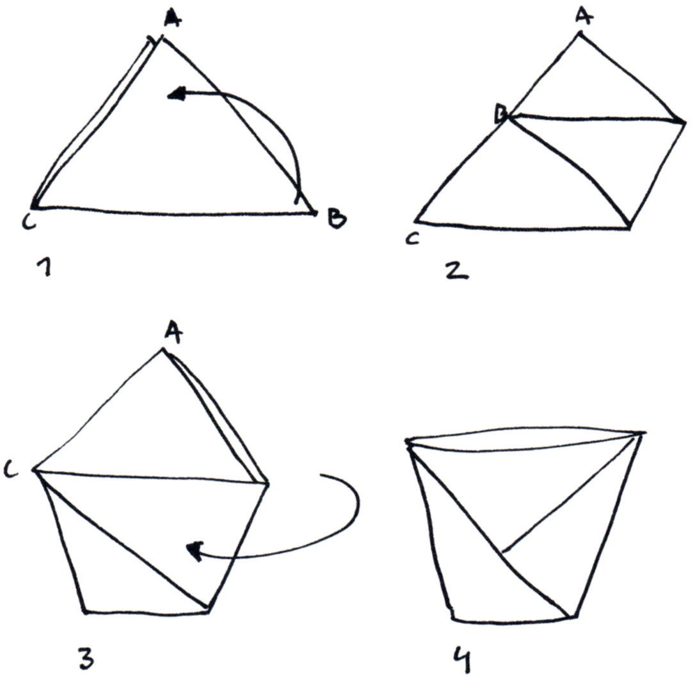

Homemade
Pommes

KÜRBIS

Beim großen Kichererbsenball
hielt Kürbis eine Rede.
Die fand so großen Widerhall,
dass Erbs und Erbsin
Hand in Hand
sich bogen vor Gekicher.
Da nahm der Erbsenprinz das Wort
und sprach zum Kürbis heiter:
»Kürbis und Erbsen
immerfort –
und immerfort so weiter.«

WUSSTEST DU

… dass *Halloween* von »All Hallows Eve« aus dem Englischen kommt und »der Abend vor Allerheiligen« bedeutet.

… dass sich die Kinder zur Abschreckung der bösen Geister als Hexen, Vampire und Monster verkleiden und auf die Jagd nach Naschereien gehen mit Sprüchen und Versen wie: *Was Süßes raus, sonst spukt's im Haus!* oder: *Ich bin der Kürbisgeist, von weit gereist. Ich habe Hunger sehr, drum gib mir was zum Naschen her.*

… dass jene Bräuche ursprünglich aus Irland stammen und in keltisch-heidnische Zeit zurückreichen, als die Menschen glaubten, dass die Geister der Toten und andere überirdische Wesen wiederkehren. Die Feuer und Lichter sollten ihnen den Weg zeigen.

In Indien feiert man ein bis fünf Tage lang »Diwali«. Das ist das hinduistische Lichterfest und ist vergleichbar mit dem christlichen Weihnachten. Die Häuser werden üppig mit Lampen, Kerzen und Lichtern aller Art beleuchtet, damit das Glück und die Seelen ihren Weg finden. Es ist zufälligerweise auch zur gleichen Zeit wie *Halloween*, *Fiesta de los Muertos* und Totensonntag.

KÜRBISGEISTER SCHNITZEN

Du brauchst:

- einen großen Kürbis
- Küchenmesser
- großer Löffel
- wasserfester Filzstift
- 1 kleines Glas & Teelicht

So geht's:

Bevor du startest, legst du die Arbeitsfläche mit alten Zeitungen aus, weil viel Abfall anfällt.
Weil der Kürbis schwer zu schneiden geht, ist es gut, wenn dir Erwachsene dabei helfen können.
Oben aus dem Kürbis im Zickzack einen Deckel ausschneiden.
Den Kürbis mit dem Löffel aushöhlen, sodass die Kerne und das Fruchtfleisch draußen sind und eine ca. 2 cm dicke Wand stehen bleibt. Mit dem Filzstift außen auf dem Kürbis ein Gesicht malen und mit dem Messer ausschneiden.
In den ausgehöhlten Kürbis das Teelicht im Glas stellen und anzünden. Bitte niemals unbeaufsichtigt brennen lassen.

Aus dem ausgehöhlten »Kürbisfleisch« kannst du eine leckere Kürbissuppe kochen.

WUSSTEST DU

… dass der *Día de Muertos* einer der wichtigsten mexikanischen Feiertage ist, an dem der Verstorbenen gedacht wird.

… dass zu Ehren der Toten ein farbenprächtiges, fröhliches Volksfest gefeiert wird, weil der Tod ein Teil des Lebens ist.

… dass es am Vorabend von Allerheiligen gefeiert wird und bis zum 2. November (Allerseelen) dauert.

… dass je nach Region unterschiedlich der Toten gedacht und gefeiert wird.

… dass Wohnungen und Straßen prächtig mit Blumen geschmückt werden und man in den Straßen und Geschäften überall Totenschädel und Skelette aus Zucker, Gips und Pappmaché sieht.

Fiesta de los muertos

DU BIST DIE LIEBSTE KLEINE MAUS!

Jeden Morgen geht die kleine Maus fröhlich aus dem Haus zum Kindergarten. Sie winkt Mama Maus zu. »Einen schönen Tag!«, ruft Mama Maus. Und dann verschwindet die kleine Maus lachend mit den anderen kleinen Mäusen um die nächste Ecke. Hinter dem Zaun am Ende der Straße sitzt ein schwarzer Hund. Er würde so gern mit ihr spielen. Aber die kleine Maus beachtet ihn nicht. Zuerst winselt der schwarze Hund, wenn sie vorüberläuft. Dann brummelt er. Doch sie beachtet ihn nicht. Als die kleine Maus eines Mittags wieder am Zaun vorbeiläuft, knurrt der schwarze Hund so laut, dass die kleine Maus erschrocken stehen bleibt.

»Schwarzer Hund!«, ruft sie. »Was soll denn das?«

»Geh bloß weg, du dicke, dumme Maus!«, bellt der schwarze Hund. »Du hast doch nur Käse und Speck im Kopf! Außerdem heiße ich Hampo!«

Da rennt die kleine Maus, so schnell sie kann, nach Hause. Sie wirft ihre Tasche auf den Boden und setzt sich wütend zu Papa und Mama Maus an den Küchentisch. Vor ihr liegt ein Stück Speck.

»Ich will den doofen Speck nicht!«, sagt sie und dreht sich mürrisch weg.

»Warum denn nicht?«, fragt Mama Maus. »Du magst doch sonst so gerne Speck.«

»Davon werde ich dick«, sagt die kleine Maus.

»Und wie wäre es mit einem Stück Käse?«, fragt Papa Maus.

»Der macht dumm«, sagt die kleine Maus und schüttelt traurig den Kopf.

Da holt Papa Maus Schokoladenpudding aus der Vorratskammer.

»Der ist schlecht für die Zähne«, sagt die kleine Maus.

Die kleine Maus seufzt. Sie mag nichts essen. Gar nichts, nicht einmal Trauben. Papa Maus setzt sich, ohne ein Wort zu sagen, an den Tisch und isst zusammen mit Mama Maus genüsslich Käse, Speck und Schokoladenpudding.

»Puh«, macht die kleine Maus. »Was für ein scheußlicher Tag. Ich hasse den schwarzen Hund!«

»Welchen schwarzen Hund?«, fragt Papa Maus.

»Den hinterm Zaun! Hampo!«, ruft die kleine Maus.

Papa Maus streicht der kleinen Maus behutsam über den Kopf. »Manchmal läuft einem eben eine graue Laus über die Leber. Oder ein schwarzer Hund über den Weg. Dann mag man keinen Käse, keinen Pudding und keinen Speck mehr essen – aber warum?«

»Weil man davon dick und dumm wird«, ruft die kleine Maus. »So wie ich!«

»So wie du?«, fragt Mama Maus erstaunt. »Wer behauptet das?«

»Hampo«, erwidert die kleine Maus.

»Und das glaubst du?« Papa Maus holt einen Spiegel. Er hält ihn der kleinen Maus vors Gesicht. »Sieh selbst, das bist du«, sagt er.

»Das bin ich?«, fragt die kleine Maus ungläubig. »Mit den großen Augen und dem glänzenden Fell?«

»Eine schöne kleine Maus. Und für mich bist du die liebste kleine Maus der Welt«, sagt Papa Maus. »Wirklich. Und das ist noch nicht alles. Da ist eine kleine Maus. Sie ist die liebste Maus der Welt. Tag für Tag geht sie an Hampo, dem schwarzen Hund, vorbei. Er winselt. Er brummelt. Aber sie bemerkt ihn nicht – bis er knurrt.«

Plötzlich wird die kleine Maus ganz still. »Ich weiß etwas«, sagt sie leise.

Sie nimmt ihr Stück Speck vom Küchentisch und rennt aus dem Haus zu Hampo. Vor dem Zaun bleibt die kleine Maus stehen.

»Ich hab dir etwas mitgebracht, Hampo!«, ruft sie. »Sieh nur, ein Stück von meinem Lieblingsspeck!«

»Wuff!«, macht Hampo und leckt sich das Maul. Er sieht die kleine Maus an und brummelt: »Eigentlich bist du die liebste kleine Maus, die ich kenne. Das Knurren war nicht so gemeint!«

»Schon gut«, sagt die kleine Maus schnell. »Ich bin ja auch nicht dumm und dick!«

Von da an wartet Hampo jeden Morgen auf die kleine Maus.

Lachend kommt sie um die Ecke und ruft: »Einen schönen Tag, Hampo!« Dann bleibt sie am Zaun stehen. Jeden Tag ein wenig länger, und jeden Tag erzählen sie sich ein wenig mehr, so wie richtige Freunde.

LATERNEN AUS GETRÄNKEVERPACKUNGEN

Du brauchst:

- 1 Getränkeverpackung
- 1 Stock
- buntes Transparentpapier
- Acrylfarbe
- Bleistift
- Kleber
- Cutter oder Schere
- evtl. Locher oder Lochzange
- 1 Stück Draht
- 1 Teelicht oder Lichterkette / Laternenstab mit elektrischer Lampe
- evtl. Klebebänder und Buntpapiere zum Verzieren

So geht's:

Die Getränkeverpackung oben aufschneiden, gut auswaschen, trocknen lassen und mit einem Tuch trocken reiben.
Den Karton bemalen und die Farbe trocknen lassen. Anschließend mit einem Bleistift auf allen Kartonseiten Fenster vorzeichnen und sie vorsichtig mit dem Cutter oder einer Schere aus dem Karton schneiden.
Wenn du magst, kannst du die Fenster und Türen noch mit Läden verzieren und das »Haus« gestalten. Das Transparentpapier als passenden Streifen zurechtschneiden und innen an die Fenster kleben. Auf dem Kartonboden mit Kleber ein Teelicht befestigen.
Rechts und links oben an die Verpackung zwei Löcher machen und den Draht zu einem kleinen Henkel formen. Dadurch den Stock ziehen.
Wenn du anstelle des Teelichts eine Lichterkette in das Laternenhaus legst oder einen Laternenstab mit elektrischer Lampe verwendest, ist es genauso schön und weniger gefährlich.

Laterne, Laterne,
Sonne, Mond und Sterne.
Brenne auf mein Licht,
brenne auf mein Licht,
aber nur meine liebe Laterne nicht.

Am 11. November ziehen die Kinder mit bunten Laternen durch die Straßen und erinnern an den heiligen Martin, den Schutzpatron der Armen.

Die Legende erzählt, dass Martin, der ein römischer Soldat war, an einem bitterkalten Tag in der Stadt Amiens seinen Mantel mit einem frierenden Bettler teilte. Nachts in der Herberge erkannte er Jesus im Traum, wie dieser die Hälfte seines Mantels trug. Sogleich trat er aus der Armee aus und ließ sich taufen. Er tat viel Gutes und wird heute noch in allerlei Nöten um Hilfe angerufen.

Mit Liedern, Spielen, Bräuchen und Umzügen wird seiner gedacht.

Nach dem Laternenumzug bekommen die Kinder oft einen Martinswecken, ein Männchen mit Pfeife oder eine Martinsgans aus Hefeteig mit Rosinenaugen.

An vielen Orten werden um diese Zeit Märkte abgehalten, die Martinimärkte, die, wie das Gansessen, bis ins Mittelalter zurückreichen, denn an Martini wurde die Pacht bezahlt.

Es wird auch erzählt, dass Martin sich in einem Gänsestall versteckte vor seiner Wahl zum Bischof. Die Gänse aber verrieten ihn durch ihr Geschnatter.

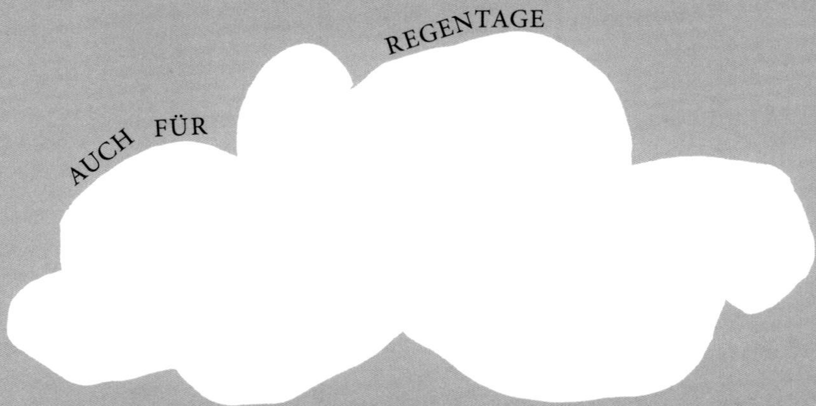

MEIN WEISSES BLATT

Mein weißes Blatt ist voll von Wegen
von rechts nach links
von links nach rechts
läuft es dem Glück entgegen.

FALTE UND GESTALTE *DEIN EIGENES KLEINES BUCH*

Du brauchst:

DIN-A4- oder DIN-A3-Papier, Schere

Das Buch nach dieser Anleitung falten:

Zum Verschenken, als Erinnerungsbuch für jede Jahreszeit, mit einem hübschen Umschlag, mit einem Gummiband oder Knopf zum Verschließen, mit einem Kuvert als Sammeltasche, als kleines Reisetagebuch … Ganz so, wie es dir gefällt!

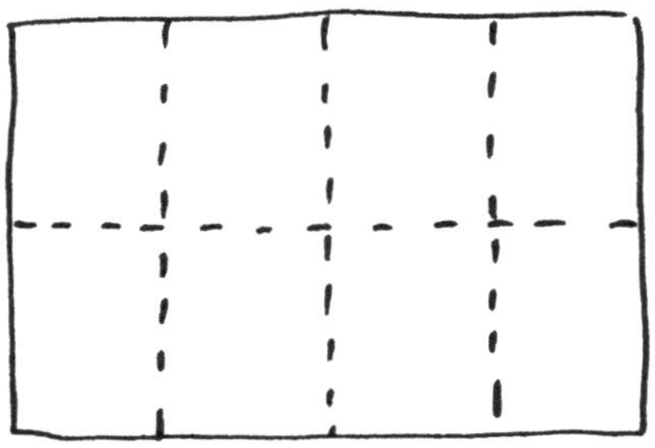

①

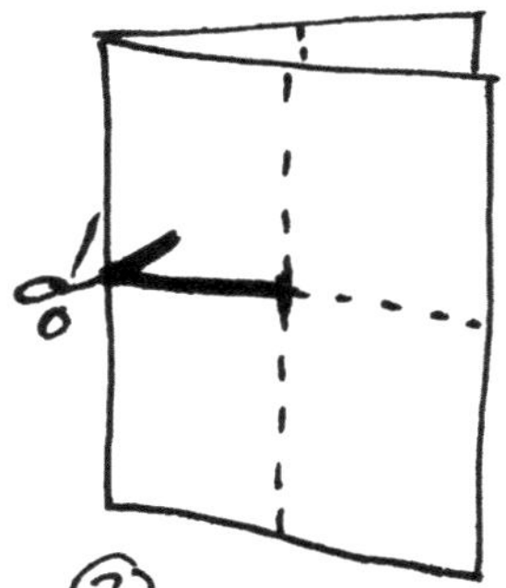

②

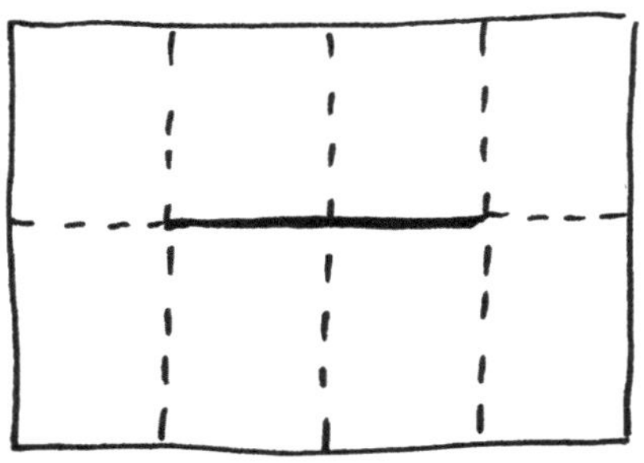

③

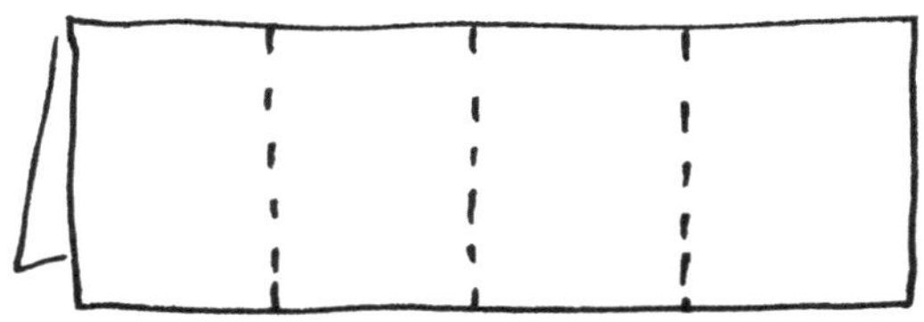

④

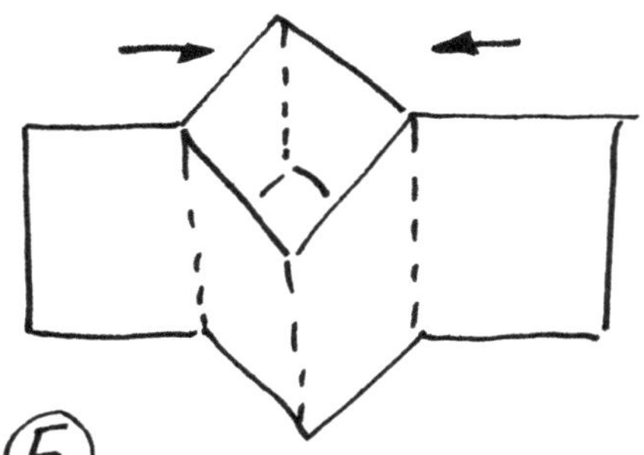

⑤

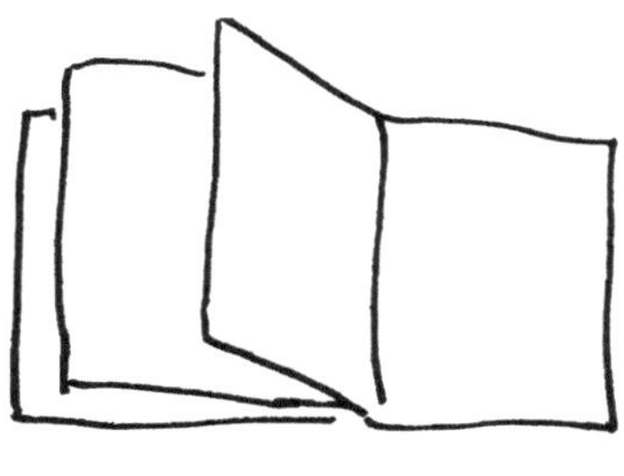

⑥

Lesen kann Leben retten, malen auch!

Der Wind,
der Wind,
das himmlische
Kind …

Du brauchst:

- 1 quadratisches Stück festes Papier
- 1 Stab/Stock
- Kleber
- Stecknadel
- 1 Holzperle

So geht's:

Das Papier zweimal diagonal falten. Die Faltlinien vom Rand aus bis zur Hälfte einschneiden (wie auf dem Bild die dicken Striche). Nun klappst du nacheinander alle vier Spitzen zur Mitte um. In der Mitte klebst du sie fest. Das Windrädchen wird mit einer Stecknadel an dem Stock befestigt. Damit es sich gut dreht, kann man zwischen Stab und Papier noch eine Perle geben.

ruhen
warten
wachen

W I N T E R

leuchten
Stille!

Wie fühlst du den

WEIHNACHTEN

Gemütlichkeit

Eiskristalle

Plätzchenhimmel

Schlitten fahren

Kerzenschein

Schneeballschlacht
Winter?
Bratapfel mit Zimtzucker
Sternenzauber
Winterschlaf

BRIEF VON PAULINA AN IHRE FAMILIE

Liebe Familie,

ich habe einen Polarforscher kennengelernt. Er hat mir erzählt, dass die Erde Fieber hat. Ich hab das alles nicht so ernst genommen. Er hat mir von den Eisbergen erzählt und dass die Eisbären bald kein Futter mehr haben. Ich habe mich und ihn gefragt, was ich tun kann???!!!! Ich habe Bilder von einem großen Schiff in der Antarktis inmitten von Eisbergen gesehen und mit Entsetzen gehört, dass sie viel schneller als früher schmelzen.

Er sagte, dass alles hier auf der Erde auf geheimnisvolle Weise zusammenhängt – wir, die Tiere, die Pflanzen, das Wetter. Er hat mir von anderen Völkern erzählt, die davon noch viel mehr wissen. Ich denke jetzt, dass wir sehr sorglos waren und vergessen haben, dass die Erde uns beschenkt und wir ihr auch etwas zurückgeben müssen, dürfen, wollen?

Ich habe die Gletscher in der Schweiz gesehen, so viel Dreck und wenig Eis! Ich habe über vieles nachgedacht. Ich habe mich hinters Haus auf die Wiese gesetzt und den Himmel angeschaut und den weißen Mond. Die Käfer und Ameisen sind über mein Bein gekrabbelt. Wenn es sie einmal nicht mehr gibt? Kann das sein?

Forscherinnen und Forscher haben Pflanzensamen nach Alaska gebracht in einen Bunker, der dafür gebaut wurde, warum?

Was ist mit den Walen? Singen sie noch? Sind sie vom Aussterben bedroht? Hat das mit dem Schwitzen der Erde zu tun?

Spüren das die Mücken auch und welche Tiere noch?

Unsere Kühe auf den Weiden haben keine Hörner mehr. Ich finde, sie sehen traurig aus.

Und was ist mit dem Öl, das ausgelaufen ist aus zerstörten Leitungen am Meeresgrund?

Wir brauchen zu viel Benzin und Öl und Gas und Strom für unsere Häuser, Autos, Flugzeuge und Fabriken … Ich weiß nur, dass die Erde Fieber hat, das stimmt doch?

Auch blühen manchmal Frühlings- und Sommerblumen zur selben Zeit. War das früher anders?

Hat die Erde auch Schnupfen und Husten und wie zeigt sich das?

Ein Inuit schrieb in einer großen Zeitung, neulich, dass er Angst habe, dass sein Dorf versinkt.

Und unser Freund, der in einem Schloss wohnt, das auf Meeresspiegelhöhe liegt, hat auch Angst.

Ich wohne hier in den Bergen auf ca. 700 m. Das ist nicht so schlimm. Auch haben wir keine so großen Stürme. Trotzdem mussten wir unsere alte riesige Fichte fällen. Sie war 34 m hoch und über 100 Jahre alt. Sie schwankte bei starkem Wind und Gewitter. Die Nachbarn hatten Angst, sie würde auf ihr Haus stürzen. Ich weinte, als sie fiel.

Ist unsere Erde wirklich krank? Merken das die Menschen noch immer nicht?

Was kann ich tun?

Viele Grüße

Paulina

P.S.: Auch kleine Dinge helfen, sagt Oma. Achtsam sein! Radfahren, das Gemüse und Obst von hier essen und die Milch von hier trinken, weniger Wasser verbrauchen. Einen Garten anlegen …

Nord
Äquator
Süd

WUSSTEST DU

… dass auf der Südhalbkugel Sommer ist, wenn wir Winter haben?

Bestimmt fallen dir noch viele andere Dinge ein.

Wenn du magst, malst du dir dein eigenes ABC für jede Jahreszeit.

STILLES REIFEN

Alles fügt sich
und erfüllt sich,
musst es nur
erwarten können

Christian Morgenstern
(1871–1914)

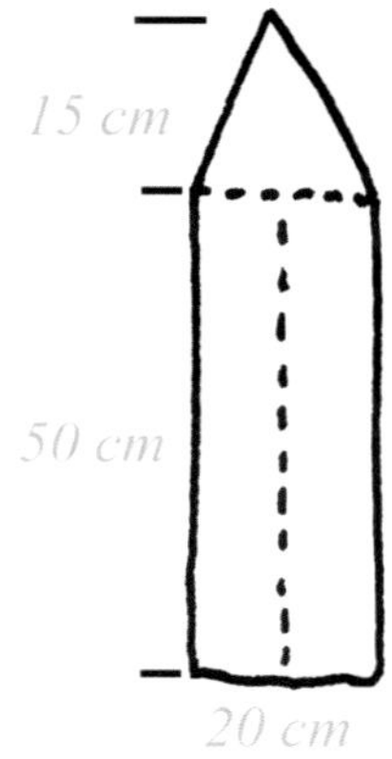

Du brauchst:

- 24 Toilettenpapierrollen
- Farbe und Pinsel
- Pappe im Format 20 x 65 cm (wie auf der Skizze zu sehen, zum Aufkleben der Papierrollen)
- Kleber
- kleine Dinge oder Süßigkeiten zum Befüllen

So geht's:

Male die Papierrollen in deinen Wunschfarben an und lasse sie trocknen. Pappe wie in der Skizze zuschneiden.

Danach immer 2 Papierrollen nebeneinander und übereinander auf die Pappe kleben, dass ein Turm entsteht. Auf die Papierrollen Zahlen von 1 bis 24 schreiben. Wild durcheinander oder der Reihe nach, so wie du magst. Zum Schluss die Papierrollen noch mit kleinen Überraschungen füllen.

ADVENTSKALENDER

WIR SAGEN EUCH AN DEN LIEBEN ADVENT

WUSSTEST DU

… dass am vierten Sonntag vor Weihnachten die Adventszeit beginnt.

… dass das Wort Advent »Ankunft« heißt, weil die Christen in der Adventszeit die »Ankunft des Herrn«, die Geburt Jesu, an Weihnachten erwarten.

… dass der Brauch, in der kalten Jahreszeit Haus und Hof mit grünen Zweigen zu schmücken, schon sehr alt ist. Sie sollen Gefahren abhalten und Fruchtbarkeit bringen.

… dass der Adventskranz hingegen noch gar nicht so alt ist. Er kam erst am Beginn des 19. Jahrhunderts auf, als am 1. Advent des Jahres 1839 Pfarrer Johann Hinrich Wichern in seinem Waisenhaus einen wagengroßen Holzleuchter aufhing, der mit Tannenzweigen geschmückt war, um mit den Kindern zu singen und zu beten.
Am 1. Dezember entzündete er die erste Kerze, für die Wochentage kleine und für die darauffolgenden Adventssonntage große Lichter. So war das Warten auf Weihnachten nicht so lang. Erst später wurden nur noch vier Lichter für die Adventssonntage angezündet.

… dass die ersten Adventskalender im Laufe des 19. Jahrhunderts entstanden, um die Tage bis Weihnachten abzuzählen und das Warten zu verkürzen.

WARUM IST DER ADVENTSKRANZ RUND?

Er zeigt, dass Gott keinen Anfang und kein Ende hat.

WARUM WERDEN DIE KERZEN ENTZÜNDET?

Sie verkürzen die Zeit des Wartens.
Sie zeigen auf das Licht in der Dunkelheit, das durch die Geburt Jesu der Welt geschenkt wird.

Tea Time

EINLADUNGSKARTEN ZUM TEE

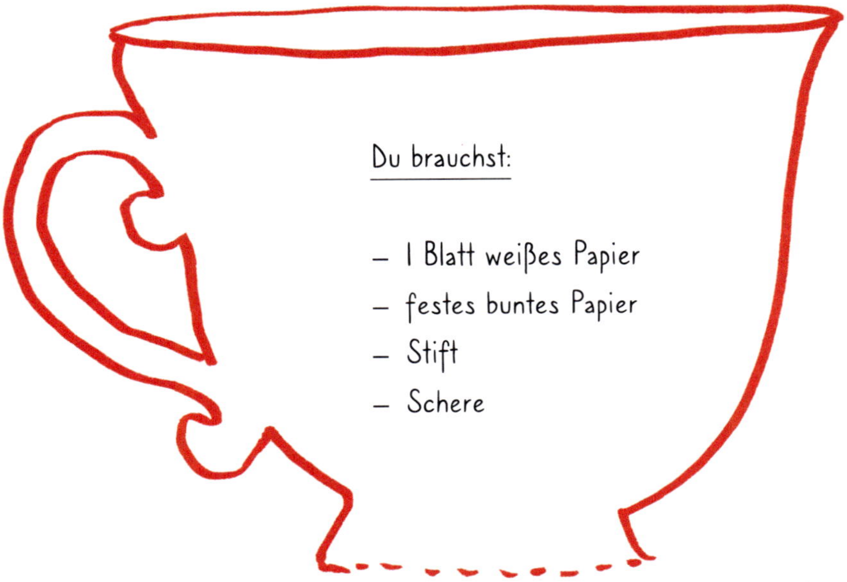

Du brauchst:

- 1 Blatt weißes Papier
- festes buntes Papier
- Stift
- Schere

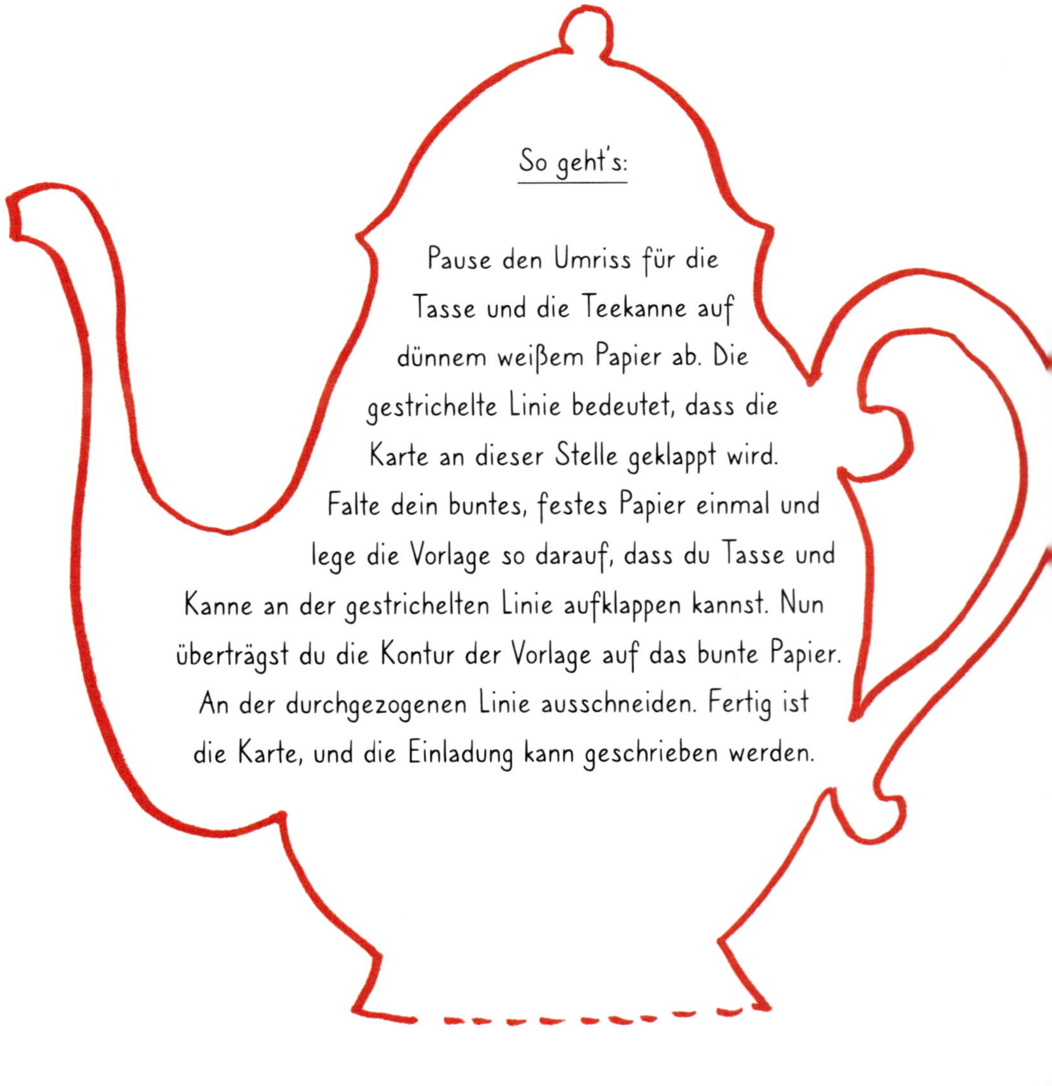

So geht's:

Pause den Umriss für die Tasse und die Teekanne auf dünnem weißem Papier ab. Die gestrichelte Linie bedeutet, dass die Karte an dieser Stelle geklappt wird. Falte dein buntes, festes Papier einmal und lege die Vorlage so darauf, dass du Tasse und Kanne an der gestrichelten Linie aufklappen kannst. Nun überträgst du die Kontur der Vorlage auf das bunte Papier. An der durchgezogenen Linie ausschneiden. Fertig ist die Karte, und die Einladung kann geschrieben werden.

Tea-
time
Einladung

KNECHT RUPRECHT

Von drauß' vom Walde komm ich her;
Ich muss euch sagen, es weihnachtet sehr!
Allüberall auf den Tannenspitzen
Sah ich goldene Lichtlein sitzen;
Und droben aus dem Himmelstor
Sah mit großen Augen das Christkind hervor,
Und wie ich so strolcht' durch den finstern Tann,
Da rief's mich mit heller Stimme an.
»Knecht Ruprecht«, rief es, »alter Gesell,
Hebe die Beine und spute dich schnell!
Die Kerzen fangen zu brennen an,
Das Himmelstor ist aufgetan,
Alt' und Junge sollen nun
Von der Jagd des Lebens einmal ruhn;
Und morgen flieg ich hinab zur Erden,
Denn es soll wieder Weihnachten werden!«
Ich sprach: »O lieber Herre Christ,
Meine Reise fast zu Ende ist;
Ich soll nur noch in diese Stadt,
Wo's eitel gute Kinder hat.«
– »Hast denn das Säcklein auch bei dir?«
Ich sprach: »Das Säcklein, das ist hier;
Denn Äpfel, Nuss und Mandelkern
Fressen fromme Kinder gern.«
– »Hast denn die Rute auch bei dir?«
Ich sprach: »Die Rute, die ist hier;
Doch für die Kinder nur, die schlechten,
Die trifft sie auf den Teil, den rechten.«
Christkindlein sprach: »So ist es recht;
So geh mit Gott, mein treuer Knecht!«
Von drauß' vom Walde komm ich her;
Ich muss euch sagen, es weihnachtet sehr!
Nun sprecht, wie ich's hierinnen find!
Sind's gute Kind, sind's böse Kind?

Theodor Storm
(1817–1888)

WUSSTEST DU

… dass der heilige Nikolaus der Patron der Schiffer und Seeleute ist.

… dass die Kinder früher nur zum Nikolaustag beschenkt wurden und er schon immer als Gabenbringer galt.

… dass die Rute als Leben spendendes Zeichen gilt. Sie war ein immergrüner Zweig, mit dem man die Häuser zum Schutz schmückte.

… dass Knecht Ruprecht den Nikolaus begleitet. In anderen Gegenden heißt er *Aschenklas*, *Pelznickel*, *Berchtel*, *Klaubauf* und in Österreich *Krampus*.

… dass es am 5. und 6. Dezember das Klausentreiben im alemannischen Alpenraum gibt. Junge Männer verkleiden und vermummen sich, mit Ruten und Schellen vertreiben sie die Schaulustigen. Diese finsteren Gestalten haben ihren Ursprung in heidnischer Zeit. Vor Beginn der Sonnenwende zogen sie durch die Dörfer, um die dunklen Mächte zu vertreiben.

ADVENT IST AUCH DIE ZEIT DES SCHENKENS

Ein Gastgeschenk zum Adventstee, ein Geschenk vom Christkind oder vom Nikolaus, und auch die Heiligen Drei Könige bringen Geschenke mit. Das Gastgeschenk gilt als Zeichen der Wertschätzung, wenn man jemanden besucht. In Japan zum Beispiel ist die Geste des Schenkens und die Verpackung des Geschenks meist wichtiger als der Inhalt.
Bedrucke dein eigenes Geschenkpapier, damit auch du deine Geschenke schön und kreativ verpacken kannst.

Du brauchst:

- alte Zeitungen als Unterlage
- 1 Farnblatt (findet man im Winter im Wald)
- Acrylfarbe, Pinsel und Malbecher
- Papier zum Bedrucken
- evtl. Stifte

So geht's:

Den Arbeitsplatz zum Werken vorbereiten.
Das Farnblatt auf die alte Zeitung legen und vorsichtig mit dem Pinsel mit Farbe bestreichen.
Den Farn mit der farbigen Seite vorsichtig auf das Papier abdrücken. Dies so oft nebeneinander wiederholen, bis das gewünschte Muster fertig ist. Mit einer zweiten Farbe noch Akzente setzen.

GESCHENKPAPIER BEDRUCKEN

Der Mond ist aufgegangen,
die goldnen Sternlein prangen
am Himmel hell und klar.
Der Wald steht schwarz und schweiget,
und aus den Wiesen steiget
der weiße Nebel wunderbar.

Matthias Claudius
(1740–1815)

MONTAGS ENGELCHEN

Als Alfons Montag früh am Morgen erwachte, schwirrte ein seltsames kleines Ding um seine Nase.

»Nicht erschrecken«, sagte das kleine Ding. Und setzte sich zu Montags großem Erstaunen auf seinen Zeh.

»Wo kommst du denn her?«, fragte Alfons Montag.

»Von oben«, sagte das Ding.

»Von oben«, wiederholte Montag und sah zum Fenster. Es schneite.

Montag betrachtete das kleine Ding genauer. Es hatte Flügel mit Federn.

»Wie heißt du denn?«, fragte er.

»Engelchen«, sagte das Ding.

»Engelchen, hm, Engelchen? Und was machst du hier?«

»Ich zeig dir was!«, sagte Engelchen.

Und während es Montags Hand ergriff, wuchs es, bis es so groß wie Montag war. Montag aber spürte, wie er mit einem Mal immer leichter wurde.

Ich sitze wie auf einer Wolke, dachte Montag. Die Tür öffnete sich. Und dann flogen sie durch die Straßen der Stadt. Es sieht von oben alles so ganz anders aus, dachte Montag. Sie landeten im Zirkus.

»Ich möchte so gern auf dem höchsten Seil tanzen!«, sagte Montag. »Wenn ich falle, fängst du mich dann auf?«

Engelchen nickte. Schon hatte Engelchen ein Netz aus unsichtbaren Fäden unter Montags Seil gespannt. Montag wusste nicht, wie ihm geschah. Leicht wie eine Feder wagte er die tollsten Sprünge.

Da zupfte ihn Engelchen am Arm. »Wir müssen weiter!«, flüsterte es.

Sie landeten im Park. »Nicht beißen!«, schrie Engelchen entsetzt.

Ein riesiger Hund hatte Montag am Hosenbein gepackt. Schnell flüsterte Engelchen ihm etwas ins Ohr. Verblüfft ließ der schwarze Kerl Montags Hose los.

»Es ist noch mal gut gegangen!«, sagte Montag erleichtert. »Wohin gehen wir jetzt?«

Sie landeten in einem Hinterhof. »Das ist Opa Paul«, sagte Engelchen. »Tag für Tag starrt er auf die Mauer.«

»Was können wir nur für ihn tun?«, sagte Montag traurig.

»Hm«, erwiderte Engelchen. »Wir machen einfach die Mauer weg!«

»Aber wie?«, fragte Montag.

»So«, sagte Engelchen. Es hatte einen breiten Pinsel in der Hand und verschiedene Farbtöpfe neben sich.

»Darf man das?«, fragte Montag.

»Manchmal«, sagte Engelchen und reichte Montag seinen Pinsel. »Und jetzt bist du!«

Da begann Montag zu malen, noch nie hatte Montag so gemalt, mit feuerroten Backen malte er einen Papagei, ein Eichhörnchen, eine Sonne, eine schneeweiße Wolke und auf ihr Engelchen. Über ihnen öffnete sich das Fenster.

»Wo kommt denn nur der Garten her!«, rief Opa Paul aufgeregt.

Engelchen und Montag aber machten sich eilends aus dem Staub. Vor der Konditorei Zart & Bitter hielt Engelchen an. Im Fenster waren die feinsten Torten aufgebaut.

»Ach«, seufzte Montag. Sehnsüchtig schaute er auf einen Schokoladenkuchen mit bunten Kringeln. Als hätte Engelchen Montags Gedanken erraten, öffnete es die Ladentür. Kaum waren sie eingetreten, nahm die Konditorsfrau den Kuchen aus dem Fenster und reichte ihn dem verblüfften Montag. »Herzlichen Glückwunsch!«, sagte sie.

»Das muss ein Irrtum sein!«, stotterte Montag.

»Nein, nein«, erwiderte sie freundlich. »Es ist alles bezahlt!«

»Danke, vielen Dank!«, sagte Montag.

Engelchen zog ihn aus dem Laden. »Wie hast du das nur wieder angestellt!«, sagte er zu Engelchen gewandt. Engelchen lachte. »Das ist mein Geheimnis!«

Sie landeten wieder in Montags Zimmer. Die Türe schloss sich. Und dann saßen sie vergnügt auf Montags altem Teppich und aßen Schokoladenkuchen bis auf den letzten Krümel. Müde und satt schlüpften sie in Montags Bett.

Sie schliefen lange. Als Montag am nächsten Morgen erwachte, war Engelchen weg. Einfach weg.

»Wo bist du denn?«, rief Montag aufgeregt. Eine kleine weiße Feder lag auf Montags Bett. »Die ist bestimmt für mich von Engelchen«, sagte Montag leise.

Er schlüpfte in seinen Anorak, stülpte sich die Mütze auf den Kopf und öffnete die Tür. Es hatte zu schneien aufgehört.

»Engel hinterlassen Spuren und Menschen auch«, sagte da jemand leise.

Montag sah sich fragend um. Ein Auto war soeben vorbeigefahren. War das Engelchen? Es warf ihm mit seinem Flügel eine Kusshand zu.

Montag legte sich in die verschneite Wiese. Mit Armen und Beinen rudernd, malte er Engel in den frischen Schnee.

»Es stimmt. Engel hinterlassen Spuren und Menschen auch«, sagte Montag. Und dann kehrte er froh ins warme Haus zurück.

Wo ist ein Engel?
Springt er über eine Zeile
in ein Wort?

Im weißen Schnee, ojemine,
da läuft ein schwarzer Hund
ganz ohne Grund.

SCHNEEENGEL

Lass dich in den Schnee fallen und rudere mit den Armen und Beinen hin und her

DIE ENTEN LAUFEN SCHLITTSCHUH

Die Enten laufen Schlittschuh
auf ihrem kleinen Teich.
Wo haben sie denn die Schlittschuh her –
sie sind doch gar nicht reich?

Wo haben sie denn die Schlittschuh her?
Woher? Vom Schlittschuhschmied!
Der hat sie ihnen geschenkt, weißt du,
für ein Entenschnatterlied.

Christian Morgenstern
(1871–1914)

Schneemann bauen

Schneeburgen

durch den Schnee stapfen

Schneekristalle

Schneeschuh laufen

Schnee

Schneeballschlacht

Schneeflocken fangen

... Was machst du gern im Schnee?

Stille Nacht, heilige Nacht

Stille Nacht! Heilige Nacht!
Alles schläft, einsam wacht
nur das traute hochheilige Paar.
Holder Knabe im lockigen Haar,
Schlaf in himmlischer Ruh!
Schlaf in himmlischer Ruh!

Stille Nacht! Heilige Nacht!
Gottes Sohn, o wie lacht
Lieb aus deinem göttlichen Mund,
da uns schlägt die rettende Stund',
Christ, in deiner Geburt!
Christ, in deiner Geburt!

Stille Nacht! Heilige Nacht!
Hirten erst kundgemacht!
Durch der Engel Halleluja,
Tönt es laut von ferne und nah:
Christus, der Retter, ist da!
Christus, der Retter, ist da!

Joseph Mohr
(1792–1848)

Viele Geschichten ranken sich um die Entstehung des Liedes
»Stille Nacht, heilige Nacht«.

WUSSTEST DU

… dass es weltweit das bekannteste Weihnachtslied ist.

… dass es vor über 200 Jahren zum ersten Mal in dem kleinen Ort Oberndorf im Salzburger Land gesungen wurde.

… dass es ein Trostlied ist.

Der Dorfpfarrer Joseph Mohr hat es in Zeiten großer Not geschrieben. Sein Freund der Organist und Lehrer Franz X. Gruber hat es auf seine Bitte hin vertont. Es wird erzählt, dass kurz vor Heiligabend im Jahr 1818, es war bitterkalt und es schneite, der Dorfpfarrer Joseph Mohr ganz verzweifelt zu seinem Freund, dem Lehrer Franz X. Gruber, lief. Die Orgel in der Kirche gab keinen Laut mehr von sich. Was sollte er nur tun? Wie konnte er für die armen, verzweifelten Menschen seiner Gemeinde eine feierliche Mitternachtsmesse feiern?

Flehentlich bat er seinen Freund, ihm doch in Windeseile eine Melodie zu seinem Gedicht zu schreiben. Und dies tat er pünktlich zur Christmesse. Mit der Gitarre als Begleitung sangen die beiden Freunde zweistimmig und voller Inbrunst für all die Menschen, die sich in der kleinen Dorfkirche versammelt hatten, das neu entstandene Lied »Stille Nacht, heilige Nacht« und vor allem jene Zeile: »Christ, der Retter ist da.«

… dass dieses Lied um die ganze Welt ging und in viele Sprachen übersetzt wurde.

… dass heute viele Menschen zur Stille-Nacht-Kapelle nach Oberndorf pilgern.

ES WAR EINMAL IN BETHLEHEM

Vor langer Zeit lebte ein Mann in Judäa, der hieß Micha. Micha war ein Prophet, der den Willen Gottes voraussagte.

Viele Menschen kamen zu ihm und fragten ihn um Rat, denn es ging ihnen sehr schlecht. Die meisten lebten in großem Elend. »Hat Gott uns denn ganz vergessen?«, fragten sie.

Da antwortete Micha: »Er hat uns einen Retter versprochen. Aus Bethlehem, der Stadt Davids, wird er kommen und uns Frieden bringen. Er wird König sein über alle Völker.«

Viele, viele Jahre waren seitdem vergangen. Die Römer herrschten über das Land, und Augustus war ihr Kaiser. Zu jener Zeit lebte eine junge Frau mit Namen Maria in Nazareth. Sie war verlobt mit Josef, einem Zimmermann.

Eines Abends trat ein Engel zu ihr.

»Fürchte dich nicht, Maria«, sagte er. »Gott hat etwas ganz Besonderes mit dir vor. Du wirst einen Sohn bekommen, den sollst du Jesus nennen, das heißt: Gott hilft. Er wird König sein über die ganze Erde, für immer.«

Staunend hörte Maria seine Worte und flüsterte: »So soll es geschehen!«

Da ging der Engel fort. Maria aber sang voller Freude ein Lied für ihr Kind, den lang erwarteten König. Und Maria wurde schwanger und heiratete Josef, den Zimmermann.

Da erschienen in den Straßen von Nazareth Beamte des Kaisers Augustus. Sie befahlen: »Jeder soll in seinen Heimatort zurückkehren und sich dort in Steuerlisten eintragen, damit der Kaiser Augustus weiß, wie viele Menschen in seinem Reich leben!«

Auch Josef machte sich mit Maria auf den Weg in seine Heimatstadt. Es war Bethlehem, die Stadt Davids. Sie nahmen einen Esel mit, der Maria trug, und ein wenig Gepäck. Der Weg nach Bethlehem war lang und beschwerlich, die Straßen staubig. Doch der Esel trug Maria geduldig über Berge und durch Täler. Nur selten machten sie Rast, denn sie wollten zur Geburt des Kindes wieder zu Hause sein.

Und wo Maria auch vorüberkam, war ihr, als verneigte sich alles vor dem Kind unter ihrem Herzen. Die Bäume fingen zu blühen an, der Weinstock trug Trauben, und die Vögel sangen.

Als sie endlich in Bethlehem angekommen waren, herrschte dort ein schreckliches Durcheinander von Menschen und Tieren. Die Gasthäuser und Herbergen waren über-

füllt. Jeder suchte eine Bleibe für die Nacht, auch Josef und Maria. Doch wo sie auch anklopften, wurden sie abgewiesen.

Der alte Simeon hatte von seinem Fenster aus alles mit angesehen, und er bekam Mitleid. So schnell es seine Kräfte zuließen, lief er die Gassen entlang, den Fremden nach und rief: »Es ist noch Platz in meinem Stall draußen vor der Stadt!«

Da freuten sich Josef und Maria. Sie gingen hinaus aufs Feld und fanden den Stall. Ein Ochs und ein Esel standen darin und eine Futterkrippe. Für Maria machte Josef ein weiches Lager aus Stroh.

»Sieh nur, wie schön es hier ist!«, sagte sie. »Und die Tiere wärmen uns obendrein!«

In dieser Nacht gebar Maria ihren ersten Sohn. Sie gab ihm den Namen Jesus, so, wie der Engel es ihr gesagt hatte. Und sie wickelte ihn in Windeln und legte ihn in die Krippe. Über dem Stall aber stand ein Stern, der leuchtete heller als alle anderen.

In der Nähe waren Hirten auf dem Feld bei ihren Schafen. Sie saßen am Feuer und wärmten sich.

»Was ist das nur für eine Nacht? Heute heulen die Wölfe nicht …«, sagte ein alter Hirte. Fragend schaute er zum Himmel, und er sah den großen hellen Stern.

Da erschien ihnen plötzlich ein Engel und sprach: »Fürchtet euch nicht! Ich verkünde euch eine große Freude. Euch ist heute der Heiland, der Retter, geboren. Ihr werdet das Kind in Bethlehem, der Stadt Davids, finden, in Windeln gewickelt und in einer Krippe liegend.«

Von nahe hörten sie einen Gesang wie von Engeln: »Ehre sei Gott in der Höhe und Friede auf Erden und den Menschen ein Wohlgefallen.«

Staunend lauschten die Hirten, und als sie wieder allein waren, sagten sie zueinander: »Lasst uns nach Bethlehem gehen und mit eigenen Augen schauen, wovon der Engel gesprochen hat.«

Da machten sie sich auf. Sie kamen nach Bethlehem, fanden den Stall und darin das neugeborene Kind. Es lag in Windeln gewickelt in einer Krippe, wie es der Engel gesagt hatte.

Und sie knieten vor ihm nieder, betrachteten es froh und dankten Gott.

Nachdem sie es aber gesehen hatten, machten sie sich wieder auf den Weg zurück zu ihren Herden. Und jedem, der ihnen begegnete, erzählten sie, welches Wunder sich in dieser Nacht zugetragen hatte.

Auch Kaspar, Melchior und Balthasar, drei weise Männer aus dem Morgenland, hatten den großen, hellen Stern am Himmel gesehen und sich der Worte des Propheten erinnert: Ein Stern wird aufgehen in der Dunkelheit. Ein Kind wird uns geboren, und es wird herrschen über alle Völker.

Da machten sie sich auf, den neugeborenen König zu finden.

Kaspar, Melchior und Balthasar wussten: Der Stern zeigt ihnen den Weg. Und so folgten sie ihm.

Sie befuhren das stürmische Meer, ritten durch endlose Wüsten und fruchtbare Täler und kamen durch fremde Städte. Sie überwanden Berge und Hügel und gelangten schließlich nach Bethlehem.

Über einem Stall blieb der Stern stehen und erhellte die Nacht. Dort fanden sie das Kind, knieten nieder und breiteten ihre Geschenke vor ihm aus: Gold, Weihrauch und Myrrhe. Und sie dankten Gott, dass sie das Kind, den neugeborenen König, gefunden hatten.

Dann kehrten sie wieder in ihre Heimat zurück. Sie wussten, dass in diesem kleinen Stall in Bethlehem etwas Großes geschehen war. Eine neue Zeit war angebrochen, denn Gott hatte sich in jener Nacht den Menschen zum Geschenk gemacht.

Nach dem Bibeltext aus dem Lukasevangelium 2,1–20

Silvester

Der 31. Dezember ist der letzte Tag des Jahres
und ist nach dem Papst Sylvester I. benannt.
Er ist der Schutzheilige für Tiere und Kranke
und vertreibt die bösen Geister.
Bräuche: Wachsgießen, Silvesterkrapfen,
Böller und Feuerwerk
Symbole: Glücksschwein, Kleeblatt,
Schornsteinfeger

Du brauchst:

- leere Schneckenhäuser (kannst du im Herbst finden und sammeln)
- Acrylfarbe, alter Nagellack oder Acrylstifte
- Wäscheklammern zum Halten der Schneckenhäuser
- kleine Zettel zum Beschriften
- Stift

So geht's:

Die Schneckenhäuschen gut sauber machen und trocknen lassen.

Die Wäscheklammern an die Schneckenhäuser zwicken, dass man sie beim Anmalen gut festhalten kann. Die Schneckenhäuser beliebig mit Acrylstiften, Acrylfarbe oder altem Nagellack anmalen und gut trocknen lassen.

Auf die kleinen Zettel schöne Sprüche oder Glücksbotschaften schreiben. Die Zettel zusammenfalten und an die Schneckenhäuser stecken. An Silvester lassen sie sich wunderbar als »Glücksschnecken« fürs neue Jahr verschenken.

4.12.

ist der Namenstag der heiligen Barbara. Sie wird bei Unwetter und Feuergefahr angerufen und gilt als Schutzpatronin der Gefangenen, Bergleute und Architekten. *Wenn du an diesem Tag einen Kirschzweig abschneidest und in die Vase steckst, blüht er an Weihnachten.*

13.12.

Heute wird der heiligen Lucia gedacht. Dies ist in Schweden ein ganz besonderer Tag. Ihr Name bedeutet »Licht-bringerin« und geht auf das lateinische Wort »lux« für Licht zurück.

18.–28.12.

Chanukka ist das jüdische Lichterfest und wird 8 Tage lang im Dezember gefeiert. Es fällt auf den 25. Kislew, so heißt der 9. Monat im jüdischen Mondkalender und erinnert an die Befreiung und Wiedereinweihung des zweiten Tempels im Jahr 164 vor Christi Geburt.

21.12.

Tag der Wintersonnenwende.
Es ist die längste Nacht.
Danach werden die Tage wieder heller.
Auch viele Tiere beginnen nun den Winterschlaf.

25.12 – 6.1.

RAUNÄCHTE

Sie haben ihren Ursprung in heidnischer Zeit und werden auch die 12 heiligen Nächte genannt. Es wurde nicht gearbeitet.
Es ist eine Zeit der Besinnung und des Neubeginns.

6.1.

Am Dreikönigstag wird an sie erinnert. Als Sternsinger verkleidet ziehen Kinder von Haus zu Haus und sammeln Geld für Hilfsprojekte. Sie schreiben über die Eingangstür C+M+B mit der Jahreszahl, das sind die Anfangsbuchstaben der drei Könige und die Abkürzung für *Christus mansionem benedicat*,
»Christus segne dieses Haus«.

2.2.

Zu Lichtmess werden Kerzen geweiht, und Lichterprozessionen finden statt. Die geweihten Kerzen sollen Unwetter im neuen Jahr abwehren.

DIE TAUBE UND DAS KANINCHEN

Es war einmal ein Kaninchen. Es war grau und so gewöhnlich, wie alle Kaninchen nun einmal sind. Und doch war es anders. Es hatte ein geknicktes Ohr und wohnte allein unter einer Brücke am Fluss.

Eines Tages grub es gedankenverloren Löcher in den Sand. Da hörte es eine Stimme über sich.

»Kannst du mir sagen, worauf es im Leben am meisten ankommt?«

»Hm«, sagte das Kaninchen erschrocken und versteckte sich. »Meinst du mich?«

Auf dem Brückengeländer saß eine zerzauste Taube. Sie hob einen ihrer Flügel, und dann flatterte sie aufgeregt um das Kaninchen herum. Kein Lüftchen bewegte sich, nur der Fluss rauschte fort bis zum Meer.

»Was machst du hier so allein den ganzen Tag?«, fragte die Taube.

»Ich suche Rüben, und dann schlafe ich«, erwiderte das Kaninchen.

»Ist das alles?«, fragte die Taube.

»Alles?«, rief das Kaninchen. »Ist das etwa nichts?«

»Warum hast du dich vor mir versteckt?«, fragte die Taube erstaunt.

»Weil ich so hässlich bin!«, antwortete das Kaninchen.

»Dann schau mich mal an!«, sagte die Taube.

Da erst bemerkte das Kaninchen, dass die Taube nur ein Bein hatte.

»Du darfst dich nicht unterkriegen lassen!«, sagte die Taube.

»Meinst du, darauf kommt es im Leben an?«, fragte das Kaninchen und hoppelte neugierig ans Ufer.

»Nein«, antwortete die Taube.

»Wenn es das nicht ist, was ist es dann? Wenn ich fliegen könnte wie du, vielleicht wüsste ich dann, worauf es im Leben ankommt?«, sagte das Kaninchen und sah fragend zum Himmel.

Mit einem Mal zuckten Blitze am Horizont. Aus der Ferne grollte der Donner. Noch bevor die Taube das Kaninchen warnen konnte, trieb der Sturmwind eine riesige Welle heran und riss das Kaninchen mit sich fort.

So schnell, wie der Sturm gekommen war, so schnell hatte er sich auch wieder gelegt.

Bäume und Sträucher waren umgeknickt, das Ufer mit Ästen und allerlei Unrat überschwemmt. Das Kaninchen aber blieb verschwunden.

Wo kann es nur sein?, dachte die Taube.

Verzweifelt machte sie sich auf den Weg. Sie suchte unter der Brücke, im wilden Ufergestrüpp. Sie fragte die fette Ratte, die neugierig nach dem Rechten sah, sie erkundigte sich bei der alten Kröte im Schilf, die immer alles wusste. Doch keiner von ihnen hatte das Kaninchen gesehen. »Armes, kleines Kaninchen«, flüsterte die Taube. »Ich finde dich – ganz bestimmt!«

Schließlich entdeckte die Taube etwas Graues auf einem Stein weit hinter der Brücke. »Bist du es, kleines Kaninchen?«, rief sie laut.

»Ich bin's!«, stieß das Kaninchen hervor und hob seinen Kopf. »Ich bin's!«

Es zitterte am ganzen Leib. Da breitete die Taube ihre weichen, warmen Flügel über dem Kaninchen aus, und das Kaninchen schloss für einen Moment die Augen.

»Ich habe dich gesucht, überall!«, sagte die Taube.

»Ist das wahr?«, fragte das Kaninchen.

Die Taube schlug mit ihren Flügeln: »Ja, es ist wirklich wahr!« Sie zupfte mit ihrem Schnabel zärtlich das Fell des Kaninchens zurecht. »Komm, wir suchen uns einen Unterschlupf.«

Das Kaninchen lief, so gut es seine Kräfte zuließen, zur alten Weide am Fluss. Es holte Gras und Moos und kleine Äste herbei. Die Taube rupfte sich weiche Flaumfedern aus dem Gefieder. Und dann machten sie sich ein Nest.

»Ruh dich aus, kleines Kaninchen!«, sagte die Taube leise.

»Bleibst du jetzt bei mir?«, fragte das Kaninchen.

Die Taube nickte.

»Morgen auch?«, fragte das Kaninchen schon ein wenig mutiger.

Wieder nickte die Taube.

»Und übermorgen?«

»Übermorgen auch. Und wenn du willst, bleib ich für immer. Dann bringst du mir bei, wie man Haken schlägt und nach Rüben gräbt, und ich zeige dir, wie man fliegt!«

Das Kaninchen aber war schon eingeschlafen. Im Traum schlug es Purzelbäume, flog um die ganze Welt, zauberte sich ein neues Ohr, der Taube ein Bein und träumte von dem, worauf es im Leben am meisten ankommt:

Dass ein anderer für einen da ist,
gerade wenn man ihn braucht.

am 14. Februar ist Valentinstag

WUSSTEST DU

… dass der Valentinstag der Gedenktag an den heiligen Valentin ist und viele Geschichten von ihm erzählt werden.

… dass Valentin von Rom Priester war und im 3. Jahrhundert gelebt hat und trotz des Verbots des römischen Kaisers Brautpaare christlich getraut hat und Blumen aus seinem Garten verschenkte.

… dass Menschen auf der ganzen Welt den Valentinstag feiern und sich Liebende und Verliebte noch immer kleine Geschenke machen.

… dass im Mittelalter der Valentinstag *Vielliebchentag* genannt wurde.

Herzkekse zum Valentinstag

Zutaten für den Teig:

250 g Butter oder Margarine
225 g Zucker
500 g Mehl
1 Ei
100 g gemahlene Mandeln
Milch zum Bestreichen

Für die rosa Zuckerglasur:

125 g Puderzucker mit 3 EL Kirsch- oder Himbeersaft verrühren.
(je mehr Saft, umso dunkler wird die Farbe)

Zubereitung:

Alle Zutaten zu einem Teig verkneten. Den Teig ausrollen und mit Herzförmchen ausstechen. Mit Milch bestreichen und bei 170 °C 20–30 Minuten backen.
Nach dem Backen etwas abkühlen lassen und mit rosa Zuckerglasur bestreichen.

In alter Zeit,
Sie liegt gar weit,
Da konnten die Tiere reden.
Die Blumen redeten auch,
Es redete Baum und Strauch.
Es redete Bach und Strom,
Die Sterne am Himmelsdom,
und Sonne und Mond fernher.
Sie redeten, sie reden noch …

nach »Der Märchenkessel«,
Cl. Attenkofer'sche Verlagsbuchhandlung,
Straubing

DER WINTERSCHLAF

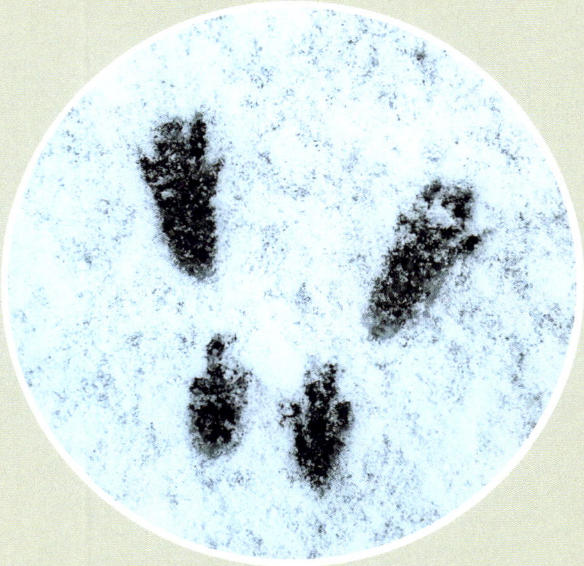

Viele Tiere halten einen Winterschlaf, weil es draußen kalt ist und es nur wenig Futter gibt. Sie ziehen sich zurück in Höhlen und Baumstämme, so brauchen sie weniger Nahrung. Die Atmung und der Herzschlag werden langsamer und die Körpertemperatur niedriger.

WUSSTEST DU

… dass manche Tiere ein dickes Fell als Kälteschutz bekommen.

… dass Fledermäuse, Siebenschläfer, Hamster und Murmeltiere echte Winterschläfer sind.

… dass Dachs, Eichhörnchen und Waschbär Winterruhe halten. Sie wachen einige Male auf und suchen Nahrung.

… dass Igel meist von November bis April schlafen.

… dass Fische, Frösche, Eidechsen, Schildkröten und Insekten in Winterstarre fallen. Sie werden ganz starr und bewegen sich erst wieder, wenn es draußen wärmer wird.

Weißt du, welches Tier diesen Fußabdruck im Schnee hinterlässt?

DAS EICHHÖRNCHEN

ANANAS

Auf Reisen geht die Ananas
in einem alten Wagen.
Von Lissabon bis Caracas
will sie sich wirklich wagen.
Und wenn sie einmal stecken bleibt,
wird sie doch nicht verzagen.
Sie singt das Lied der Ananas
und lässt sich weitertragen.

NÄRRISCHE NOTIZ

Pi Pa Po
was bin ich froh

Der Elefant tanzt mit der Maus.
Pinguin und Papagei
plappern munter einerlei.
Papperlapapp!
Spaghetti, Konfetti, Paletti.

WUSSTEST DU

… dass die Ananas in vielen Ländern ein Symbol für Gastfreundschaft ist.

… dass ihr Name »Duft der Düfte« bedeutet? »Naná« in alten südamerikanischen Indiosprachen.

FASCHING – FASTNACHT – KARNEVAL

WUSSTEST DU

… dass bereits am 11.11. der Fasching beginnt.

… dass man diese Zeit als »fünfte Jahreszeit« bezeichnet.

… dass in den letzten sechs Tagen vor dem Aschermittwoch die Fastnacht ihren Höhepunkt erreicht.

… dass am Rosenmontag die großen Umzüge stattfinden.

… dass die Römer bereits farbenprächtige Umzüge veranstalteten und sich bei ihren Feiern mit kleinen Rosen überschütteten.

… dass schon die Germanen mit Masken und Verkleidungen diese Jahreszeit mit lautem Treiben gefeiert haben, um die bösen Geister zu vertreiben und die guten herbeizurufen. Bei den ausgelassenen Feiern gab es keinen Unterschied zwischen den Mächtigen und Niedrigen.

… dass um Mitternacht zum Aschermittwoch der Karneval zu Ende geht.

… dass am Ende der Fastnacht eine lebensgroße Strohpuppe verbrannt wird, als Zeichen, dass damit alles Böse vertilgt wird.

… dass das Wort »Karneval« vom lateinischen »carne vale« kommt und so viel wie »Fleisch, leb wohl« heißt.

FASCHINGSORDEN

Du brauchst:

verschiedenen bunten Filz oder Pappe
Schere
10 cm lange Borte oder Geschenkband
Kleber oder Nadel & Faden
Knöpfe o. Ä.
Sicherheitsnadel

So geht's:

Schneide aus buntem Filz einen Kreis im Durchmesser von 4 cm und einen im Durchmesser von 3 cm aus. Falte das Geschenkband in der Mitte und klebe es in der Mitte des großen Kreises auf. Danach klebst du den kleinen Kreis darüber und nähst oder klebst noch einen Knopf oder irgendetwas Lustiges darauf. Auf der Rückseite wird die Sicherheitsnadel an der nicht zu öffnenden Seite festgenäht, sodass du dir den Faschingsorden jederzeit anstecken kannst.

FÜR DIE MASKE

Du brauchst:

1 Blatt dünnes, weißes Papier
festes Papier
Schere
Stifte
Gummiband
evtl. Pailletten, Bänder, Knöpfe zum Verzieren

So geht's:

Pause den Umriss der Maske ab, schneide die Vorlage aus und übertrage die Kontur auf dein festes Papier. Schneide die Maske aus, bemale oder beklebe sie und fädle ein Gummiband so durch zwei Löcher an den Maskenrändern links und rechts, dass die Maske dir gut passt.

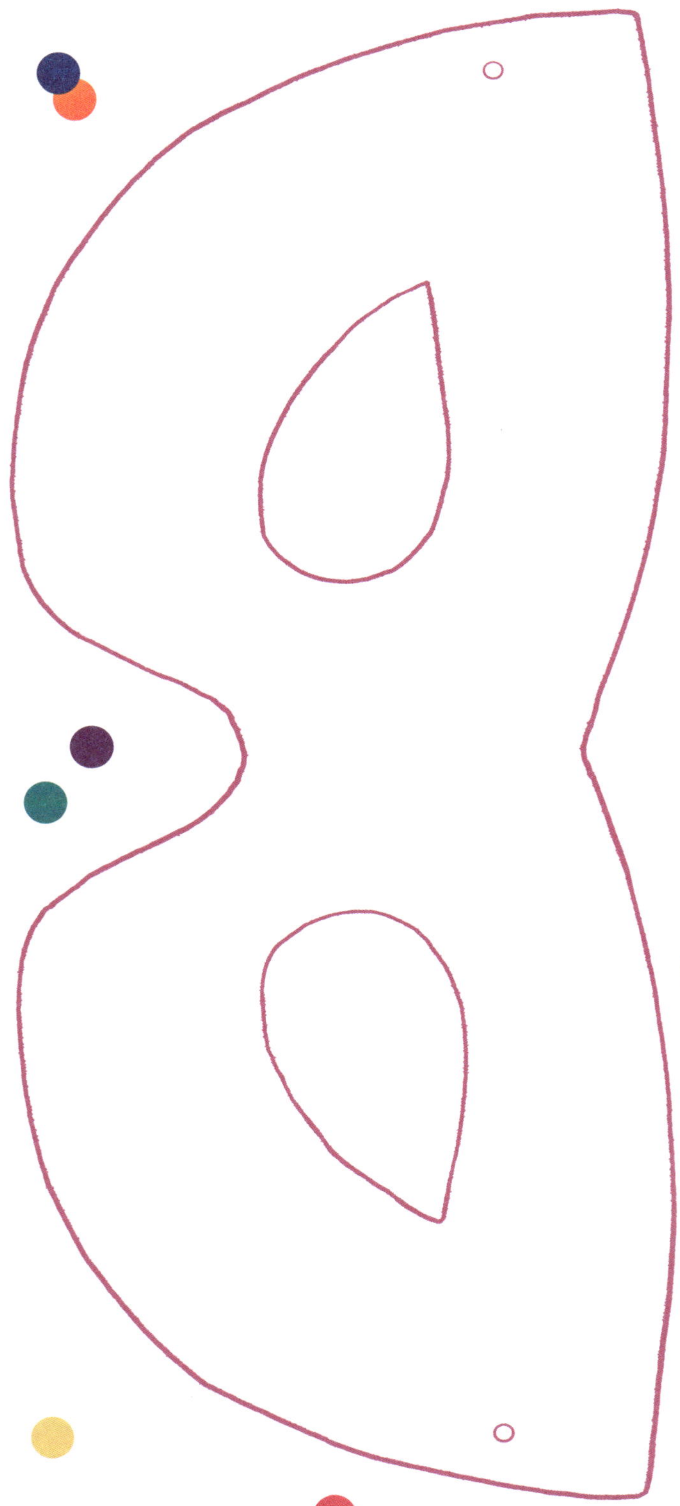

VORLAGE FÜR DEINE EIGENE JAHRESUHR

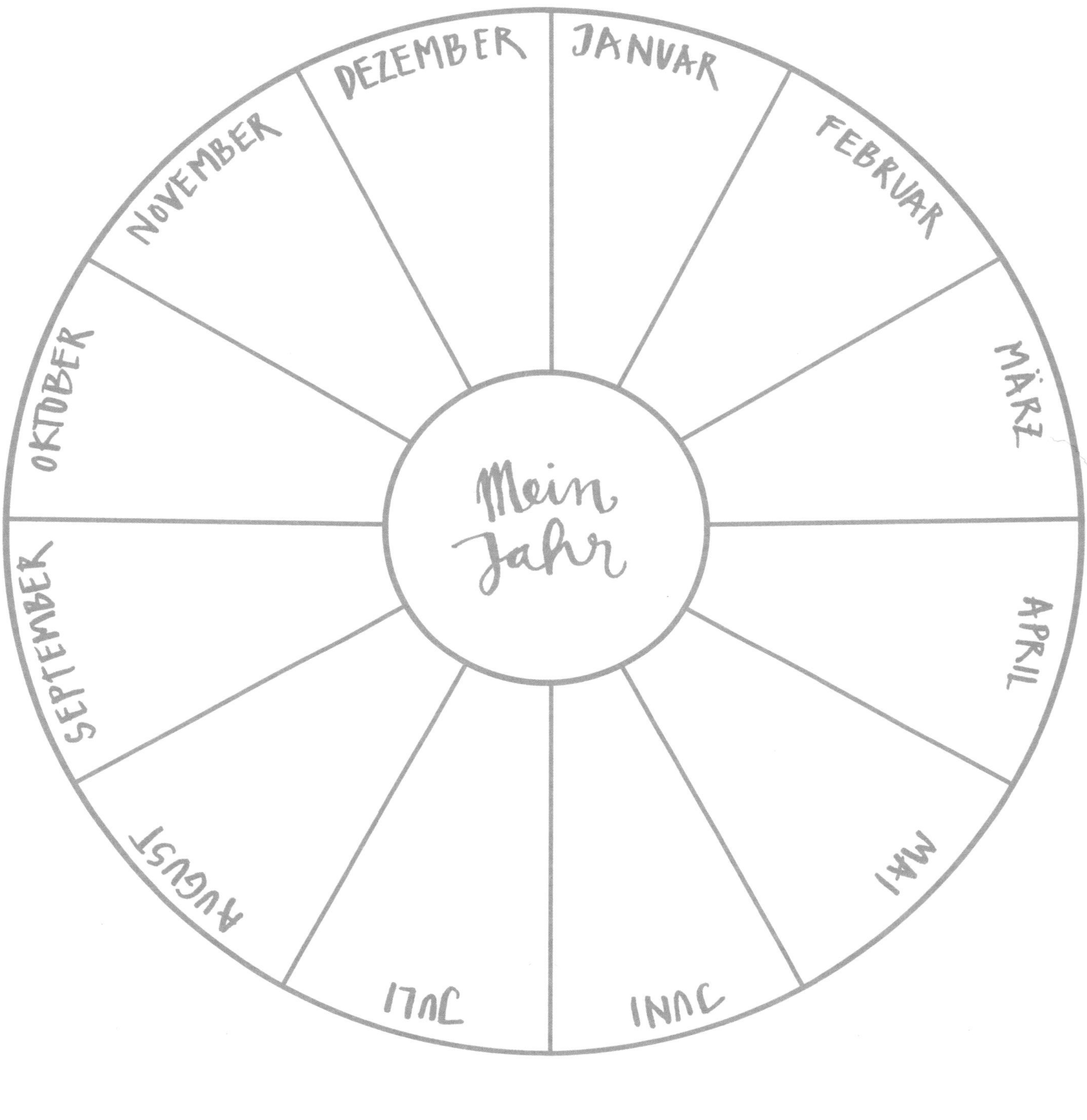

Vorlage kopieren, auf festes Papier kleben und gestalten

– als Gedankennotiz, Jahrestagebuch, Stimmungsbarometer,
zum Festhalten von Augenblicken –

DAS JAHR ISST ZU TISCH …

… Januar, Februar, März, April, Mai, Juni, Juli, August, September, Oktober, November, Dezember !

Mai
5
Juni
6

GESCHICHTEN & GEDICHTE

Es war eine Mutter 6
Er ist's (Eduard Mörike) 12
Herr Glück und Frau Unglück 14
Der kleine Ritter 28
Löwenzahn 34
Gänseblümchen 38
Amsel und Papagei 42
Schneeglöckchensamen vom Kaukasus 50
Osterhase 52
Das Weidenkätzchen (Christian Morgenstern) 54
Herr Meier 58
In blauer Hose 64
Rosalies allergrößter Schatz 74
Die Zitrone 80
Die Kinder wissen es 84
Ich bin der kleine König 86
Anton 94
Die drei Fische 95
Hoch zu Ross 100
Flügel 104
Das Leben (Erich Kästner) 109
Das kleine Schlafschaf 114
Löwenbraut 118
Gefunden (Johann Wolfgang von Goethe) 125
Septembermorgen (Eduard Mörike) 129
Der Apfel 135
Die Birne 139
Pomposa 146
Kartoffel 152
Kürbis 158
Du bist die liebste kleine Maus! 164
Laterne, Laterne 170
Mein weißes Blatt 172
Brief von Paulina an ihre Familie 180
Stilles Reifen (Christian Morgenstern) 186
Knecht Ruprecht (Theodor Storm) 194
Der Mond ist aufgegangen (Matthias Claudius) 198
Montags Engelchen 200
Wo ist ein Engel? 204
Die Enten laufen Schlittschuh (Christian Morgenstern) 206
Stille Nacht, heilige Nacht (Joseph Mohr) 208
Es war einmal in Bethlehem 210
Die Taube und das Kaninchen 218
In alter Zeit 224
Ananas 226
Närrische Notiz 227
Alles ist ausgeruht (Rainer Maria Rilke) 238

Frühling

Sommer

KREATIVIDEEN

Kleiner Kressegarten 18
Hängender Kräutergarten 20
Fantasieinsekten aus Tintenklecksen 24
Schreibe dein eigenes Elfchen 26
Herbarium anlegen 48
Zwiebeleier 56
Eier gestalten nach Vorlage 59
Eier aus Pappmaché oder Gips 60
Rosen aus Eierschachteln 68
Papierrosen 69
Duftende Kräuterblumenkarten 78
Fächer aus Papier 90
Postkarte gestalten 106
»Drei gewinnt« für die Tasche 110
Reisesouvenirs 111
Deckelmemory aus Flaschendeckeln 112
Waldbaden 124
Gestalten mit Holz 132
Apfelkernkette 134
Menü-Karte 155
Kleine Faltbecher 156
Kürbisgeister schnitzen 160
Laternen aus Getränkeverpackungen 168
Falte und gestalte dein eigenes kleines Buch 173
Windrädchen 175
Winter-ABC 184
Adventskalender 188
Adventstee 192
Geschenkpapier bedrucken 196
Glücksschnecken 215
Faschingsorden 230
Faschingsmaske 231
Vorlage Jahresuhr 232

REZEPTE

Selbstgemachter Holundersirup 82
Erdbeerbowle 91
Sandkuchen mit Rosinen 92
Zitroneneis 97
Beerensmoothie 97
Kirschkuchen 98
Kräutersalz und Kräuterbutter 122
Gebackene Apfelringe mit Zimtzucker 136
Michaeliwecken 143
Urkornbrot 144
Selbstgemachte Ofen-Pommes 154
Herzkekse zum Valentinstag 223

ANTONIE SCHNEIDER wurde in Mindelheim im Allgäu geboren. Nach Klosterschule und Studium arbeitete sie einige Jahre als Lehrerin an einer Dorfschule und veröffentlichte ihren ersten Gedichtband zusammen mit der koreanischen Künstlerin Martha S.W. Lee. Sie unternahm viele Auslandsreisen. Dann war sie längere Zeit in einem Verlag tätig. Nun lebt sie als freischaffende Autorin im Dreiländereck und arbeitet für ihre Projekte auch mit bildenden Künstlern und Musikern zusammen. Sie hat zahlreiche Kinderbücher veröffentlicht, die in viele Sprachen übersetzt wurden und internationale Anerkennung fanden, darunter auch Lyrik für Kinder.

Alles ist ausgeruht,
Dunkel und Helligkeit,
Blume und Buch.

Rainer Maria Rilke
(1875–1926)

SILKE LEFFLER wurde in Vorarlberg/Österreich geboren. Sie verbrachte ihre Kindheit und Jugend in Holland, Österreich, verschiedenen Ländern Afrikas und in Süddeutschland. Nach der Schule machte sie eine Schneiderlehre, studierte Textildesign und arbeitete für ein Designstudio in England. Seit 1996 ist sie freischaffende Illustratorin für Papeterie und Kinderbücher und Textildesignerin für namhafte internationale Firmen in den Bereichen Dekostoffe, Bettwäsche, Teppiche und andere Heimtextilien. Im Laufe der Jahre sind einige ihrer Bücher im In- und Ausland erschienen und mit Preisen ausgezeichnet worden.

In ›Das große WeihnachtsWunderBuch‹
von Antonie Schneider und Silke Leffler
ist noch mehr Überraschendes, Nützliches,
Wunderbares und Poetisches versammelt.